贵州师范大学 社会科学文库

On Higher Education in Laos
from the Perspective of Internationalization

国际化视域下的
老挝高等教育研究

曾 丽 ／ 著

社会科学文献出版社
SOCIAL SCIENCES ACADEMIC PRESS (CHINA)

目 录
CONTENTS

绪　论

一　研究背景

老挝人民民主共和国（简称"老挝"）是东南亚唯一的内陆国家，位于中南半岛北部，分别与越南、中国、泰国、柬埔寨和缅甸五个国家接壤，国土面积 23.68 万平方公里，人口 758 万（截至 2023 年 1 月）。[1] 1975 年，老挝人民民主共和国成立后，实行社会主义制度。1986 年，老挝人民革命党召开第四次代表大会，确立了全面革新开放的政策，老挝开始与周边国家和世界上更多的国家建立外交关系和经济贸易关系，社会经济得到了较快的发展。老挝于 1997 年加入东盟，2012 年 10 月加入世贸组织（WTO），成为第 158 个成员。2015 年东盟经济共同体正式成立，2022 年 1 月，《区域全面经济伙伴关系协定》（Regional Comprehensive Economic Partnership，RCEP）对老挝正式生效。2011—2020 年，老挝经济快速发展，GDP 年平均增长率保持在 7% 左右，其发展速度在东盟国家中位居前列。[2] 为在 2020 年之前摆脱最

---

[1]　中华人民共和国外交部网站，https://www.mfa.gov.cn/web/gjhdq_676201/gj_676203/yz_676205/1206_676644/1206x0_676646/。

[2]　中华人民共和国驻老挝人民民主共和国大使馆经济商务处网站，http://la.mof-com.gov.cn/article/jmxw/202011/20201103014968.shtml。据老挝《巴特寮报》报道，老挝自 1986 年实施革新路线以来，经济不断发展。1981—1985 年 GDP 年平均增长率为 5.5%，1986—1990 年 GDP 年平均增长率为 4.5%，1991—1995 年 GDP 年平均增长率为 6.4%，1996—2000 年 GDP 年平均增长率为 6.2%，2001—2005 年 GDP 年平均增长率为 6.2%，2006—2010 年 GDP 年平均增长率为 7.9%，2011—2014 年 GDP 年平均增长率为 8.05%，2014—2015 年 GDP 年平均增长率为 7.9%，2016—2020 年 GDP 年平均增长率为 5.8%。

不发达国家（Least Developed Country，LDC）行列，老挝实施开放经济政策，通过积极参与区域经济发展拓展对外合作更大空间。

老挝与中国山水相连，两国关系源远流长。自 1961 年中国与老挝建交以来，两党两国关系经受住了时代变迁和国际风云变幻的考验，书写了动人的佳话，中老两国老一辈领导人肝胆相照，结下了深厚战斗情谊，为中老世代友好奠定了坚实基础。老挝重要领导人贵宁·奔舍那的后人曾在中国求学多年，他们在中国留下了青春的足迹，也成为中老传统友谊的见证者、传承者、推动者。20 世纪六七十年代，中国军民积极支援老挝民族独立和解放事业，用生命筑起了中老友好永不磨灭的丰碑。两国发展理念相似，两国高层往来日益密切，交流持续深化，政治互信愈加稳固，在探索社会主义理论和实践创新，全面推进经济、政治、文化、社会等各方面建设，加快推进现代化的进程中始终平等相待，相互扶持。中老关系堪称中国同周边国家睦邻友好、全面合作的典范。中老睦邻友好关系使越来越多的老挝人赴华经商、旅游，获得中国政府奖学金的老挝在华留学生人数居东盟各国之首。1989 年以来，中老两国秉承传统友好精神不断深化人文交流与合作，签订了文化、新闻合作协议及教育、卫生和广播影视合作备忘录，形成了互派留学生和进修生机制。

2013 年，习近平总书记提出构建"丝绸之路经济带"和"21 世纪海上丝绸之路"的合作倡议后，中老经济合作气氛活跃、成果丰硕。两国有很多合作项目，如 2021 年正式通车的中老铁路、中老卫星合作项目、基础设施建设项目等。中国企业和机构入驻磨憨—磨丁经济合作区和万象赛色塔综合开发区，带动了两国产业升级、投资贸易、社会就业，促进了中小企业的发展。2017 年 11 月 13 日，中共中央总书记、国家主席习近平对老挝人民民主共和国进行国事访问，并在老挝《人民报》《巴特寮报》《万象时报》发表题为《携手打造中老具有战略意义的命运共同体》的署名文章，指出中国已经成为老挝第一大投资国，第二大贸易伙伴。我国《人民日报》也刊发了题为《携手打造中老具有战略意义的命运共同体》的相关文章。文章指出："中国积极推动医院、公路、学校等一批民生援助项目落地，助力老挝人民提高生活水平和质量。中国企业承建的南累克水电站运行良好，为老挝经济建设和社会发展发挥了重要作用。老挝对华出口不断扩大，老挝大米、咖啡、香蕉、西瓜等农产品日益受到中国消费者喜爱。"①

在国际环境呈现利好态势和两国自身不断发展的背景下，中国和老挝的合作越来越全面，其中，高等教育是中国和老挝两国全面合作的重要领域之一。在双方的共同推动下，中老高等教育合作日益加强，合作范围更加广泛，内容更加丰富，取得了显著的成效。在"一带一路"倡议和中老命运共同体建设的背景下，老挝积极向中国学习，借鉴中国高等教育的先进经验，提高本国高等教育水平，提升人才培养质量，从而助力老挝国家发展。老挝特色社会主义事业的发展离不开老挝人民群众教育水平的提升，中老两国高等教育合作不仅为老挝提供了培养优秀人才的机遇，也为中老两国的长远发展奠定了坚实的群众基础。

近几年来，云南省、贵州省及广西壮族自治区的高校积极开展与老挝的教育交流合作，成效明显，成为与老挝高等教育合作的主要力量。云南省是中国唯一与老挝接壤的省份，开展和实施对老挝教育交流合作具有良好的自然地理基础、人文地理基础和经济地理基础，云南成为老挝在中国留学生人数最多的省份；广西在与东盟国家的教育交流合作中积累了丰富的经验和人脉资源，与老挝有较为广泛的教育交流；贵州省虽然是内陆省份，但近几年在与东盟教育合作上异军突起，取得了很多积极进展和成绩。这些都为未来更好地参与老挝国际教育交流合作奠定了良好的基础。

中老关系的友好发展促进了两国在政治、经济、文化、教育、科技、卫生等方面的交流。两国高层领导互访频繁，中国已经成为老挝的第一大投资国，双方还举办了中老文化旅游节，进入老挝的中国游客逐年增长，老挝来华留学生数量不断增加，中国和老挝将长期维护这种友好关系不变，不断推动中老友谊结出更加丰硕的成果。

---

① 习近平：《携手打造中老具有战略意义的命运共同体》，《人民日报》2017 年 11 月 14 日，第 2 版。

2021 年是中老建交 60 周年，两国关系进入承前启后关键阶段，全方位深入开展老挝问题研究，尤其是老挝教育等软实力方面的研究，对于增进两国人民的人文交流与文明互鉴，深化交流合作，提升教育对外开放的实效性等，尤其对于推动中老全面战略合作伙伴关系再上新台阶，具有不可忽视的价值。我国虽然自 20 世纪 80 年代有学者开始关注和研究老挝高等教育，但整体上有关老挝高等教育的研究成果并不多，中国与老挝高等教育交流的内容不够全面，质量有待提高。多数与老挝的教育交流合作只停留在招收老挝留学生、定向开展老挝在职人员的培训、双方互访和举办夏令营等项目上。本书旨在通过梳理老挝高等教育对外开放情况，尤其是在老挝高等教育对外开放背景下，探讨其与中国云南省、贵州省和广西壮族自治区高等教育合作的内容、方式和路径等，最终提出两国高等教育合作的建议。

二　研究意义

（一）推动国际化人才培养

中老教育交流不仅可以沟通民心，还能增强政治互信。国与国之间交流的核心是人，从对理念的理解到对行动的落实都离不开人。开放、合作的高等教育可以为两国开展经贸往来、文化交流，加深相互了解培养大量国际化人才。中老高等教育交流合作在人才培养的过程中，构建了中老两国人民常态化沟通交流的渠道，打破了原有跨境民族才能进行的感情沟通、文化交流的界限，构建了可增进中老两国人民群众友情、增强人文交流的教育网络平台。国之交在于民相亲，民相亲在于心相通。开展教育交流合作正是实现民心相通的最有力的抓手，中老高等教育合作不仅仅是教育的合作，更是中老两国人民群众之间心的沟通、民意的交流。通过中老高等教育合作培养国际化的人才，也将进一步增进两国人民的友谊。

（二）助推"一带一路"建设

教育是一项系统性工程，是提高公民整体素质的根本途径，教育对外开放是"一带一路"建设的重要基石。中老高等教育合作是教育对外开放的具体体现，有利于提高两国公民的知识技术水平和能力，为"一带一路"建设提供内生动力。2013 年，中国提出"一带一路"倡议，意在实现政策、设施、贸易、资金和民心等方面的互联互通，对此老挝积极予以响应。中老高等教育合作的重大意义在于通过教育为两国培养"一带一路"建设的专业技术人才和管理人才。此外，中老高等教育合作能够增进两国人民的友谊，特别是青年学生之间的友谊。"一带一路"建设是以人为主体的民心工程，需要专业技术人员和高层次建设者，这与高等教育合作的目标是一致的。因此，中老高等教育合作是"一带一路"建设的重要内容。

（三）促进中老命运共同体建设

中老两国同为从 20 世纪七八十年代拉开开放大幕的社会主义国家，改革开放是中国特色社会主义发展的动力，革新开放是老挝顺应时代发展的社会主义事业。改革开放和革新开放是全面的，高等教育对外开放是中国改革开放和老挝革新开放的重要组成部分，已发展成为两国展示对外开放形象的重要窗口。2016 年 6 月，老挝人民民主共和国驻华大使万迪·布达萨冯指出，教育合作是老中全面合作的内容之一，而且教育合作有利于推动其他领域的交流与合作。长期以来，老挝与中国在教育领域的合作形式多样，并已取得了丰硕成果，例如开办合作办学项目、中老留学生的双向交流、共同建设技术培训基地等。① 当前，中老教育合作主要集中在中国高校接收老挝留学生的全日制学历教育、进修生非学历教育和老挝接收中国人员到老挝学习两个方面。学历教育层次为专科、本科、硕士研究生到博士研究生的学历教育，非学历教育主要是专业培训，包括为老挝培养专业技术人才、轨道交通运营管理人员及汉语教师的短期培训。2019 年的《中国共产党和老挝人民革命党关于构建中老命运共同体行动计划（2024—2028 年）》把中老教育交流与合作纳入其中作为行动举措，中老开展高等教育合作有助于中老命运共同

---

① 张力玮、潘雅、林晓青：《教育交流深化中老全面战略合作——访老挝人民民主共和国驻华大使万迪·布达萨冯》，《世界教育信息》2016 年第 8 期。

体建设走深走实。

（四）提升中老高等教育国际交流的质量

中共十九届五中全会明确要求，要建设高质量教育体系，实行高水平对外开放，深化教育合作，促进人文交流。自中国—东盟教育交流周永久会址落户贵州省贵阳市后，西南地区的高校加快了教育对外开放的步伐。西南地区的高等院校与东盟国家进行高等教育合作有地理位置上的优势，也有较强的互补性，并且东盟国家学生来我国西南地区高校留学的成本相对较低，有一定的吸引力。以中国—东盟教育交流周为例，自 2008 年起由中国教育部、外交部及贵州省人民政府联合在贵州举办以来，中国与东盟不断增进了解与友谊，为开展更务实的教育合作、铺设更畅通的合作渠道、拓展更广泛的合作领域创造了条件。目前，我国西南地区的高校同老挝的高等教育合作已经取得了一定成效，具备了一定规模。本书的研究能够为我国高等教育的"走出去"和老挝高等教育的"走进来"提供理论支持，中老高等教育合作也将为中国同东盟其他国家的高等教育合作提供样板，并为其他教育国际交流合作项目提供有效借鉴。同时，本书旨在了解云南省、贵州省及广西壮族自治区与老挝的高等教育合作交流情况，了解老挝高等教育资源的优势和不足，找出互补之处，从而为开展更加具有针对性的教育交流项目，增强中国—东盟教育交流周活动效果，更好地服务中国高等教育对外开放工作格局和提升中国高等教育对外开放质量创造条件。

（五）助推中国与东盟国家（老挝）产业合作

2020 年上半年，东盟取代欧盟成为我国第一大贸易伙伴，2020 年中国—东盟贸易指数为 241.09 点，较 2010 年上涨 141.09%，中国与东盟的双边贸易由 1991 年的 83.6 亿美元增长到 2020 年的 6852.8 亿美元。我国与东盟历史文化交融、资源禀赋、产业结构各具特色，经济贸易结构互补性强，开展经贸合作有得天独厚的优势。① 在加快构建"以国内

① 康安、邓颜劼：《中国—东盟贸易指数首次对外发布》，广西壮族自治区人民政府网站，2021 年 9 月 13 日，http://www.gxzf.gov.cn/gxyw/t10094932.shtml。

大循环为主体、国内国际双循环相互促进"的新发展格局的背景下，要增强我国产业链和供应链的国际竞争力，可以鼓励具有核心竞争力和一定产业优势的企业到东盟国家投资。东盟各国发展情况不一样，每个国家国情、风俗、宗教信仰等都有差异，需要开展相应的研究。老挝在东盟国家中属于较落后国家，有后发赶超的潜力。中老铁路的开通，为世代友好的中老两国开展产业合作奠定了基础。加强老挝高等教育研究，找到中老双方高等教育合作途径，加强两国的人文交流，可为双方的产业对接提供人才支持。

三　研究方法

本书将采取多学科结合和边缘性交叉的研究模式，融理论性、实证性、应用性为一体。在具体开展实证研究及资料收集时，我们将以文献研究为基础，以问卷调查为支撑，以典型研究、个案分析为补充。研究方法主要采用文献法、调查法、比较法。

1. 文献法

广泛查阅资料，包括国内外老挝国别研究的相关文献资料，云南省、贵州省及广西壮族自治区高等教育研究文献和最新成果。

2. 调查法

通过对老挝的著名高校和云南省、贵州省及广西壮族自治区有代表性高校的国际化合作个案等情况开展调查，了解老挝和云南省、贵州省及广西壮族自治区的高等教育发展状况，收集双方高校国际化合作资料。此外，还设计《基于教师的老挝高等教育国际化情况调查》和《老挝学生对高等教育国际化的认知现状调研》问卷，了解老挝高等教育国际化的基础、需求等信息。

3. 比较法

开展老挝高等教育与中国高等教育的比较研究，找出双方的相同处和不同之处，加以分析，从而基于优势互补、合作共赢的原则，提出可供参考的对策建议。

四　文献综述

(一)　国内外老挝研究

国外对老挝的研究文献集中在冷战时期,且都集中在政治领域,如佩里·斯蒂格利茨 (Perry Stieglitz) 的《在一个小王国》(*In a Little Kingdom*)①、加拿大学者林海文 (Tou Chu Dou Lynhiavu) 的论文 "No Protection and No Peace: Canada and the International Commission for Supervision and Control Laos, 1954 - 1975"②。格兰特·埃文斯的《老挝史》③,讲述了老挝的政治历史和社会生活,同时也介绍了老挝政治、经济、文化和社会生活简史,远古时代至今老挝的主要发展历程,重点是 20 世纪 60 年代以来的历史,反映了老挝人民因地理环境所限在周围强邻的夹缝中生存的状况。此外,1975 年越战结束后,大批老挝苗族作为战争难民移居美国和其他西方国家,使老挝苗族受到学者关注,相关论著在数量上更是有了突飞猛进的增加,主要代表人物如库珀 (Robert Cooper)、唐宁 (Bruce T. Downing)、李亚 (Gary Yia Lee) 等。

我国有关老挝问题研究的文献,最早可以追溯到 1951 年梁田《老挝人民为自由而斗争》④,以及江洪在 1955 年和 1956 年发表的《老挝最近的局势》和《万象会谈与老挝局势》⑤。20 世纪 50 年代,国内对老挝的研究还局限于老挝的历史、政治局势、经济发展等方面。到 20 世纪 60 年代,有关老挝的研究更多偏向其内政、外交,例如吴铭的

① Perry Stieglitz, *In a Little Kingdom*, Routledge, 1990.

② Tou Chu Dou Lynhiavu, "No Protection and No Peace: Canada and the International Commission for Supervision and Control Laos, 1954 - 1975," The Degree of Doctor, Carleton University, 2003.

③ 〔英〕格兰特·埃文斯:《老挝史》,郭继光、刘刚、王莹译,东方出版中心,2016。

④ 梁田:《老挝人民为自由而斗争》,《世界知识》1951 年第 19 期。

⑤ 江洪:《老挝最近的局势》,《世界知识》1955 年第 24 期;江洪:《万象会谈与老挝局势》,《世界知识》1956 年第 16 期。

《美帝国主义是和平解决老挝问题的主要障碍》①、周毅之的《和平解决老挝问题的两条道路的斗争》②。20 世纪 80 年代，国内渐渐出现了一些有关老挝语言方面的研究，例如罗美珍的《试论我国傣文和东南亚几种文字的关系》③、马澜的《浅谈老挝文学》④，但主要研究还是集中于老挝的文化习俗、政治局势等方面。20 世纪 90 年代，由于中老关系进一步发展，双方在经济、文化方面有了更多的交流与合作，研究更多倾向经济贸易方面，例如工业发展、交通、水利、电气等。例如蔡文檔的《老挝的水电资源及其开发前景》⑤。在此时期也渐渐出现了关于老挝教育的研究，例如陈标智、黄艳兰在 1991 年发表的《越南、老挝、柬埔寨高等教育的发展》⑥。随着中老关系的进一步深化，国内对于老挝的研究也日趋丰富，但研究的重点仍然是关于老挝自身的研究，包括老挝的经济贸易发展、风土人情、政治局势等方面。对于老挝教育的研究只在少数，关于老挝高等教育的期刊论文不多，其中大多是关于老挝的高等教育政策变迁和现状的分析。显然，老挝高等教育还有很大的研究空间。

（二）老挝教育研究

老挝高等教育起步较晚，这也使得老挝高等教育研究相对滞后。1909 年，老挝开始兴起高等教育。1958 年，老挝在万象建立第一所大学。之后，老挝开始建立越来越多的高等院校。

我国对老挝高等教育的系统研究始于 20 世纪 80 年代。此前，由于中老关系的非正常发展，我国对老挝高等教育的研究成果并不多。80

---

① 吴铭：《美帝国主义是和平解决老挝问题的主要障碍》，《世界知识》1961 年第 10 期。

② 周毅之：《和平解决老挝问题的两条道路的斗争》，《前线》1961 年第 11 期。

③ 罗美珍：《试论我国傣文和东南亚几种文字的关系》，《民族语文》1981 年第 4 期。

④ 马澜：《浅谈老挝文学》，《东南亚》1983 年第 00 期。

⑤ 蔡文檔：《老挝的水电资源及其开发前景》，《东南亚纵横》1993 年第 4 期。

⑥ 陈标智、黄艳兰：《越南、老挝、柬埔寨高等教育的发展》，《东南亚纵横》1991 年第 4 期。

年代后期，老挝进行了对外关系战略调整，两国关系得到改善，更多学者开始关注老挝的教育发展状况。90 年代后，两国关系进一步发展，有关研究也随着两国关系的稳定而增多，主要涉及老挝高等教育的发展现状、大学具体情况等。21 世纪以来，中国与东盟确立战略伙伴关系，中老关系也进一步深化，高等教育的交流合作也得到进一步的加强。

国内对于老挝高等教育的研究多集中在政策体制、历史发展概况等方面。蔡文欉在 1984 年发表的《试谈老挝的教育》中介绍老挝的教育可以分为佛寺教育、普通教育和民校教育三种。① 张良民在 1993 年发表的《老挝的教育概况》从历史发展角度介绍了老挝的教育发展现状，指出老挝的高等教育学制一般分为四年，有的专业分为五年或六年。招收的学生为高中毕业生或者想要继续进修的在职干部，在高等学校中尚未实行学位的评定。老挝的教育科研机构，包括经费、人力物力和组织管理方面都处于刚刚起步的阶段。70 年代中期至 80 年代中期，老挝的教育受苏联和越南很大的影响。② 冯增俊在《老挝高等教育的世纪走向》中介绍了老挝高等教育的发展概况，指出老挝高等教育经历了三个发展阶段。一是高等教育初创时期（1958—1975 年），1958 年在万象创办的皇家法律和管理学院，标志着老挝高等教育的开端。二是高等教育发展时期（1975—1986 年）。三是创立新型国家高教体系时期（1986年至今），老挝政府开始明确提出把教育作为发展生产力和开发人力资源的关键，并采取了三大措施：一是扩大办学规模和创办新校；二是强化综合开发人力资源战略；三是组建高水平大学，提高国家科研和教育水平。③ 朱欣于 2009 年在《试论老挝高等教育运行现状及发展理路》中探讨了老挝教育的发展体系、运行管理、政策等发展变化情况。④ 蒋珍莲在《回顾与展望：老挝高等教育研究 30 年》中研究了老挝高等教

---

① 蔡文欉：《试谈老挝的教育》，《参考资料》1982 年 4 月 28 日（下）。
② 张良民：《老挝的教育概况》，《东南亚纵横》1993 年第 4 期。
③ 冯增俊：《老挝高等教育的世纪走向》，《比较教育研究》2002 年第 12 期。
④ 朱欣：《试论老挝高等教育运行现状及发展理路》，《现代教育科学》2009 年第 9 期。

育改革与发展历程、运行状况和国际合作情况。① 刘颖君、欧阳秋景在
《老挝高等教育发展概况及中老高等教育合作研究》中指出老挝高等教
育发展中存在的问题，包括发展缓慢不适应经济社会发展的需要，发展
不平衡、规模小，教师学历层次较低以及教育投入不够，需要加强中老
区域合作研究，培养专业化人才。② 部分留学于中国的老挝学生也开展
了老挝高等教育政策研究及中老教育交流合作研究，如罗文《老挝高
等教育政策变迁研究》③、仙婉《"4E"视角下老挝高等教育政策研
究》④ 及辛安《中国与老挝高等教育合作中的问题与对策研究——以云
南省为例》⑤。

　　综上所述，老挝的高等教育发展起步较晚，老挝国内对于高等教育
的研究局限于政策及研究成果的阐释，缺少专业的研究。而我国对于老
挝高等教育的研究大多从宏观出发，研究老挝高等教育的发展概况、政
策体制等方面，缺乏对老挝高等教育发展历史、老挝高等教育国际化历
程的研究成果，关于开展中老两国教育交流合作的启示及对策方面的研
究成果几乎没有。我国云南省、贵州省及广西壮族自治区与老挝进行高
等教育合作有着相对的地理空间优势，并且二者在高等教育发展、生活
习惯、民族教育等多方面存在相似之处，近年来这些地区也积极开展与
老挝的高等教育交流合作，有着较好的合作基础和潜力。因此，有必要
梳理老挝高等教育国际化发展历程、中老高等教育合作与交流经验，以
促进中老高等教育国际交流向纵深发展。

———————————

① 蒋珍莲：《回顾与展望：老挝高等教育研究 30 年》，《东南亚纵横》2013 年第
3 期。
② 刘颖君、欧阳秋景：《老挝高等教育发展概况及中老高等教育合作研究》，《科
教导刊》2016 年第 23 期。
③ 罗文（Lorvanxay AM）：《老挝高等教育政策变迁研究》，贵州大学硕士学位论
文，2019。
④ 仙婉（Ms Saleumsak Khansavanh）：《"4E"视角下老挝高等教育政策研究》，
首都经济贸易大学硕士学位论文，2019。
⑤ 辛安（Siamphone Amsack）：《中国与老挝高等教育合作中的问题与对策研
究——以云南省为例》，云南大学硕士学位论文，2017。

第一章 ▸▸▸
老挝高等教育概况

老挝位于中南半岛北部，北依中国，南抵柬埔寨，西南毗邻泰国，东接越南，西北角与缅甸以湄公河为界，是中南半岛上唯一的一个内陆国家。老挝行政区划设置包括直辖市和省、市或县以及村三个级别。1975年，老挝人民民主共和国成立，首都是万象市。

老挝是世界上最不发达国家之一，以农业生产为主。由于地缘关系和历史原因，老挝农业生产水平低下，经济整体发展水平不高，严重制约了老挝教育事业的发展。老挝是一个欠发达的农业国家，农业在国民经济中占核心地位。1986年老挝人民革命党第四次全国代表大会提出走革新开放路线，相关文件指出，为了摆脱贫困落后状况，老挝必须扩大对外合作关系，将老挝的经济融入世界经济环境中，在国际合作中争取资金和技术援助，吸收国外的先进管理经验，为发展生产力培养技术工人和管理队伍。老挝通过一系列改革，逐步走上了发展的道路。进入21世纪后，老挝进一步扩大对外开放，经济得到快速发展。2001—2006年，老挝经济年均增长6.8%；2006—2010年，老挝经济年均增长7.9%；2011—2015年，老挝经济年均增长7.6%。[①]

1893年以前，老挝没有现代教育，老挝的传统教育以寺院教育为主要方式，青少年到寺院里跟随僧侣学习认字和其他文化知识，但普及率很低。法国统治时期，殖民当局在老挝逐步建立起一个以法国学校为标准模式的世俗教育体系。首批老挝近代小学于1902年在万象和琅勃

---

① 参见中国—东盟区域发展省部共建协同创新中心、中国—东盟信息港大数据研究院数据。

拉邦建立并开始招生。到 1945 年，老挝有 1 所中学，5 所完全小学，大学毕业生只有 10 人，文盲率高达 95%。抗美救国时期，老挝现代教育得到一定发展，入学率逐年增长，全国兴办了小学、初中和大学，老挝年轻男子的识字率达到 75%，妇女识字率达 30%。① 1975 年 12 月 2 日，老挝正式废除君主制，成立老挝人民民主共和国。老挝政府认识到了本国教育方面的不足，开始大力进行教育改革，重视教育事业的发展，设立教育部作为最高教育管理机构，把教育事业放在优先发展的地位，推行大众教育政策，完善现代教育体系，大力发展职业教育和成人教育，在全国开展扫盲运动，教育得到了快速发展。到 80 年代中期，创建了教师培训学院、土木工程学校、医药学校、农林学校和万象国家工业研究所等高等教育机构，并于 1986 年开始推行教育改革，积极开展幼儿教育、普通教育、职业教育和大学教育，基本形成各级学校教育网络。

1991 年 3 月，老挝人民革命党第五次全国代表大会提出"要抓教育质量为主，提高全民族的教育水平，以逐步接近国际水准，以金字塔的形式发展教育，有重点地发展公立和私立学校，实行国内教育与国外教育相结合，以适应老挝社会经济发展的实际需求"。2016 年，老挝人民革命党第十次全国代表大会提出，"文化教育方面，继续推动文化、教育和科技发展，加大人力资源开发力度，促进社会生产力发展。加强文化基础建设，保障人民文化权益，开展文化交流，提高全民文化水平，保护文化遗产，使各民族传统文化价值得到保护和弘扬，促进新闻、出版、宣传事业发展；增加教育投入，实施义务教育，推动教育均衡发展，确保幼儿园教育和小学教育入学率达到99%，所有适龄青少年完成中学学业，扫除文盲，使 15 岁以上人群的识字率达到 95%；加强劳动者科技教育培训，提高公民科学素质，发扬科学精神，注重人力资源开发，发挥人力资源在实现工业化和现代化中的积极作用"。② 至此，

---

①　〔英〕格兰特·埃文斯：《老挝史》，郭继光、刘刚、王莹译，东方出版中心，2011。

②　黄玲：《老挝教育政策分析》，《中国校外教育》2014 年第 7 期。

在老挝政府和人民的努力下，老挝教育事业取得了一定的成果。

"百年大计，教育为先"，教育能够促进个体的发展，而个体发展又能影响社会人才体系和社会经济的发展。老挝目前仍处于欠发达国家行列，要想脱离欠发达的国家行列并成为现代化国家，就一定要重视教育事业的发展，创造更多机会让每个孩子都能接受教育，不断促进教育公平，积极开展扫除文盲运动，提高高等教育入学率，完善教育体系，提高国民自身的文化素养，唯有如此才能为国家经济建设和发展提供高质量的可用人才。

为适应国内接受各类高等教育人数迅速增长的需要，老挝人民革命党和政府积极采取有力措施，增加教育投入，对传统学校进行升级改造，以老挝国立大学的创办为标志，创办现代化大学，更好地指导高等学校设置更为合理的课程及教学内容，提升高等教育中与社会经济发展密切相关的课程教学质量，制定教师专业发展规划，大力发展中高等职业教育，为社会提供大量的有专业技能的现代化人力资源。为了提高教师教学研究水平，派遣在职教师和留学生到中国、越南、美国等国家学习深造，提高教师队伍的整体素质。老挝人民革命党从国家发展战略高度出发，支持教师在教材、课程、学科建设与学生成长等方面开展理论与实践研究。在专业科研人才培养、科研资料库建设、图书馆建设、科研设备购置等方面，国家和地方都持续加大投入，从而为教师从事科学研究创造了良好的环境和条件。[①] 老挝政府积极开展与其他国家、国际组织和高等教育机构的交流，支持各类高校开展科学研究和国际交流与合作，积极争取国际社会及相关组织开展各项教育援助来改善教育办学条件，提升本国教育水平。

通过 1975 年建国以来约半个世纪的努力，老挝开创了高等教育新局面，高等教育机构多元化发展步伐加快，高等教育与国际接轨程度提升，高等教育法制建设日趋健全，高等教育基础设施和师资队伍建设取

---

① 郑婷、方文：《老挝教育事业发展的历程与成就》，《社会主义论坛》2024 年第 2 期。

得极大进展。探索老挝国家高等教育历史及政策演变状况，有助于加深对老挝高等教育的全面认识。

第一节　老挝的高等教育历史发展

老挝历史上经历了封建统治时期、法国殖民统治时期、日法共占时期、联合政府时期和人民民主共和国五个发展时期。本书将老挝高等教育分成了解放前（1975 年以前）、起步发展时期（1975—1986 年）、变革时期（1986—2010 年）、内涵式发展和国际化发展时期（2010 年至今）四个阶段，并对四个阶段进行研究。

一　解放前的高等教育

（一）王国时代的老挝高等教育（1893 年以前）

1893 年前，老挝中古历史可分为老挝古国时期、澜沧王国时期和三国分立时期。在 1893 年沦为法国殖民地之前，老挝没有现代高等教育，但老挝佛寺教育有着悠久的历史，佛教影响人们生活的方方面面，老挝教育主要场所为佛寺、庙宇，学习的主要内容为经书。

成为法国的殖民地前，老挝高等教育对外开放政策主要为依靠政府提升极少的资助留学项目。这个时期，王国政府会派出一些上层社会的子女到西方国家留学，留学经费由政府资助。在位于琅勃拉邦的老挝皇宫博物馆就有关于王室成员在海外就读的介绍。

（二）法国殖民时期的老挝高等教育（1893—1945 年）

1893 年，法国与暹罗（今泰国）签订《法暹条约》，作为暹罗属国的老挝同时沦为法国殖民地。法国对老挝开始实行殖民统治，在老挝实行奴化教育和去老挝语言文化教育，推广法语教学和法语授课，照搬法国教材模式，将法语定为唯一合法公文用语。因为缺乏法语教师，同时受到法国对老挝教育的政策影响，这一时期的学校集中在老挝的几个主要城市，学校招收的学生也主要面向亲法势力的子女和上层社会子女。在这个时期，国家的教育事业陷入停滞，高等教育本身处于空白阶段。此时老挝的高等教育主要是学生到国外去留学，国内没有高等教育，没有建立任何一所高等院校，高中入学率不足 2%。这是高度文盲时期。截至 1945 年，老挝全国只有 1 所中学，5 所完全小学，毕业于国外大学的毕业生仅 10 人，国家文盲率达 95%。①

（三）高等教育萌芽阶段（1945—1975 年）

由于长期受到日本、法国、美国殖民势力的影响，加之老挝国内封建势力和革命力量的斗争，老挝政权更替频繁，国家发展陷入混乱，从时间上看，老挝高等教育比西方国家晚了一个世纪。1945 年，经过老挝人民的不懈奋斗，老挝最终赢得了国家独立。社会各界认识到教育对改变老挝的当前困难的作用，开始重视教育，在万象和解放区开始兴办一些高等学校，当然规模都不大，投入也非常有限。经过十多年的发展，至 1958 年，位于老挝万象的皇家法律和管理学院开始招生，首批只招收 8 名学生，但这标志着老挝现代高等教育的开端，翻开了老挝高等教育历史上重要的一页。

20 世纪 60 年代，老挝国家的高等教育尚处于萌芽阶段，在老挝国内有两个政权并存，一个是王国政府控制的区域，另外一个是爱国战线解放区域。这两个不同的区域施行不同的独立自主的教育管理相关政策。1962 年，老挝王国政府及爱国阵线重视教育，因此，进行了一次重要的教育改革，在老挝全国开始兴办一批学校。同时，教育内容也发生了较大变化，如老挝语母语教学地位在各层次的教育中得到进一步强化。兴办高等教育，丰富了老挝教育体系，高等学校入学率增加，年轻男女的平均识字率达到 52.5%，其中老挝年轻男子的识字率达到了75%，妇女的识字率达到了 30%。② 1964 年，爱国阵线实施了《关于教育的四条基本路线》。四点原则分别是：一是教育需要突出政治性，需要强调学校的思想政治教育阵地性质；二是教育需要和国家就业与发展

---

① 明达：《老挝高等教育发展现状及对策研究》，云南大学硕士学位论文，2015。
② 明达：《老挝高等教育发展现状及对策研究》，云南大学硕士学位论文，2015。

所需结合在一起；三是教育要服务于群众的生活和事业，同时，也需要借助人民群众的力量来发展；四是教育的发展需要强化党的领导。1964年，老挝政府通过合并几所地方学校，组建了万象国立教育学院，首要任务是培养老挝高等教育发展复苏急需的高校师资资源。

1967年，爱国战线又制定了一个为期三年（1968—1970年）的教育促进计划，强调全面提升各群体的受教育水平，并提出了政策目标任务、具体措施等内容。该计划提出，军人、公务员、党员队伍需要具有基本的书写能力，青少年的文盲率要大幅降低，要发展教师队伍，每个乡镇有5名小学教师，每个省拥有师范学校，建设尊重教育、尊重教师的国家。

1969年，老挝联合政府根据国民政府需要创办希莎邦蓬大学，并对这所大学进行整体框架划分，下设高等教育学院、皇家医学院、皇家法政学院及佛教学院。1975年，老挝人民民主共和国成立，停办希莎邦蓬大学。但下属的四个学院历经曲折，最终得到了延续，演变成为老挝的主要高校，分别是老挝国立大学、老挝农林学院、老挝佛学院。这一时期高等教育政策的一个创新点是鼓励并规范民办高校的设立，确定私立高等教育是老挝高等教育中的重要组成部分。

1975年，老挝人民革命党建立社会主义制度。长期激烈的战争损耗了老挝大量国力，建国后，国家百废待兴，物资、人才资源等极度紧缺。为了国家的快速振兴，满足人才需求，老挝新政府开始了一系列的国家恢复计划，在全国各地推行老挝语教育，党政高层也非常重视教育的发展，将教育事业定为优先发展级，高等教育从此开启了新篇章，先后创办了多个高等教育机构。1975年后老挝社会快速发展，这一时期的高等教育政策重点放在扩大高等教育规模和增设高等教育机构方面。虽然高等教育发展非常快，却忽略了对教育质量的把控，质量控制政策的缺位在一定程度上影响了后来老挝高校的发展。

二　高等教育起步发展时期（1975—1986年）

老挝人民民主共和国成立后，老挝高等教育进入新的发展阶段。

1975—1985 年，老挝颁布了《关于教育事业要先行一步的策略》，提出了六项基本教育策略：第一，在做好发展教育事业的同时，要以共产主义先进思想传播为任务；第二，党在教育上的基本指导思想是明确学校的重要性，同时教育发展需要服从党的领导；第三，教育的发展还需要遵循理论学习和实践劳动两者相结合，学校教育和社会教育相结合，职业教育与社会实习相结合；第四，教育内容涵盖了不同层次和体系——学前教育、中学教育、职业教育、民办教育、大学教育体系；第五，尽力改善偏远贫困地区、少数民族地区、农村地区薄弱的教育状况；第六，培养越来越多的教师和教育部门高素质的管理人才。①

在此阶段的十年时间中，老挝教育政策需要确保基础教育和高等教育共同发展，需要保证入学比例不断提升，各级学校的入学人数逐年递增，各级学校的数量有序增长，规模不断扩大。1977 年，老挝政府将万象师范教育学院和万赛中央师范学院合并，组建了万象师范大学。1980 年底，老挝人民革命党召开中央政治局扩大会议，对建国 5 年来党的领导工作进行全面总结，把"大力发展教育事业"写入社会经济发展"一五"规划（1981—1985 年），强调要采取各种措施，完善学前教育、补习教育、普通教育和职业教育，加强教育基础设施建设，逐步提高教育质量和教师队伍质量，努力完成扫盲工作，使全民族普遍达到小学文化及以上水平。在 1982 年的第三次全国代表大会上，老挝人民革命党提出要在全国大力加强马克思主义教育，树立以马克思主义为指导思想的新观念。在这一重要思想的指引下，老挝的教育事业迎来了新的发展机遇，老挝全民族的文化知识和科学技术水平有了极大提高。② 1986 年是老挝社会发展的重要节点，老挝政府意识到，无视本国国情盲目照搬外国模式，并不能够加速本国发展。1986 年，老挝人民

---

① 仙婉（Ms Saleumsak Khansavanh）：《"4E"视角下老挝高等教育政策研究》，首都经济贸易大学硕士学位论文，2019。

② 郑婷、方文：《老挝教育事业发展的历程与成就》，《社会主义论坛》2024 年第 2 期。

革命党第四次全国代表大会对其经济社会发展路线进行了调整，通过了社会经济发展"二五"规划（1986—1990年），确立了老挝革新开放的基本路线。"四大"进一步强调，要把发展教育事业作为国家全面发展进步的一项不可忽视的重大战略任务。在老挝人民革命党的这一方针指引下，老挝把"在实践中创新完善普通教育和职业教育体系"写入"二五"规划。随后，老挝从国家层面上制定了全国统一的教学大纲。"四大"在教育方面的另一个重大贡献在于制定了"以灵活多样的方式发展各种教育"的新政策，发展教育特别是发展基础薄弱的少数民族地区的教育获得了前所未有的高度重视。1986年以后，老挝经济开始迅速发展，为高等教育的发展提供了重要支撑。到1986年，老挝全国开设了6所公立高等教育机构，分别是老挝万象国家教育学院、高级医学院、林业学院、财经学院和技术学院。之后，老挝新建了多所高等院校，高等教育发展取得了显著成效，大学数量从6所增加到9所，新建了水利建设学院、电子工程学院等，在校大学生规模成双倍增加。

虽然老挝高等教育机构数量增加，规模不断扩大，但是鉴于老挝政府的财政实力，教育投入不足，高等教育机构规模有限，教学资源比较缺乏，开设的专业和学历教育层次不够，学生数量也十分有限。除了老挝政府给予高等教育有限的财政支持外，主要依靠联合国教科文组织和其他一些非政府组织的资助。同世界上主要国家或者周边一些国家相比较，这个时期的老挝高等教育依然处在起步阶段，质量亟待提高，规模有待扩大。

在国际教育开放方面，老挝着力引入资金，寻求国际组织帮助，通过政治外交关系和经贸协议，获得外部援助。这个时期，老挝政府采取向以苏联为首的社会主义阵营一边倒的政策，高等教育对外开放政策也主要倾向于越南和苏联。大量的亲越、亲苏势力获得了出国到苏联和越南留学深造机会，并在学成回国后进入政府部门就职。总的来讲，这个阶段的老挝高等教育实现了量的增加，在老挝的高等教育鼓励留学政策指引下，出国留学的人数也实现了爆发式的增长，同时也开始有少数越南和苏联学生到老挝交流学习，实现了高等教育留学生互派，拉开了老挝高等教育国际化的序幕。

三　高等教育变革时期（1986—2010 年）

经过多年发展，老挝的高等教育不断取得进步，老挝的公立、民办高等教育机构数量在较短的时间内增加，公立、民办高等教育机构全面发展。老挝政府高度重视和关心发展教育，把教育工作作为人力资源发展的中心工作。政府用于教育领域的财政预算占政府支出总预算的比例有所增加，用于发展教育基础设施，完善自幼儿园到高等教育的教育体系。聚焦百年发展目标，全面提升教育质量，修订和完善职业技术学校、学院和大学的课程，促进高等教育课程建设的发展，强化高等教育和技能教育工作，确保人才供应能够不断满足社会和人才市场的需求。1986年，老挝人民革命党第四次全国代表大会制定经济改革政策，决定从中央计划经济转向社会主义市场经济，确立了老挝革新开放的基本路线。第四次全国代表大会后进一步强调，要把发展教育事业作为国家全面发展进步的一项重大战略任务。1991 年，老挝人民革命党第五次全国代表大会更加明确了老挝的教育方针、原则和目标，着重强调从 1991 年到 2000年推进教育发展的根本性工作是巩固和提高教育质量，加强教师队伍建设，推动全民族教育水平跃上一个新台阶。同时，老挝人民革命党提出既要办好公立学校，又要有重点地适当发展私立学校，推进国内教育与国外教育有机结合，从而适应老挝社会经济发展对新型高素质人力资源的新要求。自此，老挝教育得到加强，教学质量日益提高，学生的专业知识水平整体提升，教师队伍建设有力推进。1991 年，老挝人民革命党第五次全国代表大会确立了"有原则的全面革新路线"，提出坚持党的领导和社会主义方向等六项基本原则，实行对外开放政策——"不分政治制度和意识形态，与各国进行广泛合作"。① 由此，教育对外开放也拉开了序幕。1995 年，老挝全国高等院校数量达到 37 所。其中，有 10 所提供学士学位以上课程，27 所提供证书课程，派到国外留学的人数也大幅增加。同期，老挝出台了诸多高等职业教育政策，先后创建

---

① 老挝人民革命党第五次全国代表大会决议报告（老挝文版本）。

了一些技术工艺学校、培训中心、专科学校等，最终发展为为老挝社会输送各行各业宝贵人才的高校，对老挝社会发展作出较大贡献。

1995 年，老挝政府颁发第 64 号法令，对高等教育体系进行改革，从法律上明确了在老挝开办私立高等教育机构的相关法律条款，允许公立高校教师到私立院校兼职，民办学校免征营业税、所得税、土地使用税和进口必要的建筑材料的关税等。这一时期老挝私立高等教育机构开始大量建立。至 1995 年，老挝高等教育办学层次也有了提高，开始涉及硕士教育。同年，老挝政府通过政策调控，将原来的 10 所学院，包括万象教师培训学院、国家理工学院、医科学院、电子科技学院、万象交通与通信学院、万象建筑学院、达通灌溉学校、东都林学院、纳邦农学院、温卡姆农业中心合并组建成老挝国立大学，形成了老挝规模最大的综合性大学，逐步形成了集理、工、农、医、教育等学科门类为一体的高等教育体系。①

2000 年至今，老挝高等教育进入了新时期，颁布了一系列高等教育方面的政策法规，完善了高等教育体系。2000 年，老挝教育体育部制定了《2010—2020 年教育远景目标》，将教育与经济发展、地区发展联系起来，明确国民应该接受终身教育，强调了高等教育的重要性。老挝政府把教育改革作为政府重点任务之一，对高等教育进行一系列的调整，具体包括：第一，重点培养高级管理、金融、高科技和高技能方面的人才，采取学术性和专业性并重的学位体制，组建重要人才培养基地和研究团队，提高技术档次等；第二，拓宽科研途径，引进高端师资，制定人才培养的国际化标准，完善人才培养机制，提高教育质量和增进教育效益等；第三，均衡培养技术型和技能型人才，重点培养技术型人才，培养社会生产企业急需的高技能技术型人才；第四，扩大高校的办学规模，增加招生数量和专业数量，以适应经济发展的需求；第五，鼓励私立高校的建立与发展，采取适当的优惠政策和鼓励措施使私立高校

① National University of Laos Team, https://site. unibo. it/toolkit/en/national-university-of-laos-team.

成为高等教育很好的补充，使教育机构参与市场经济的竞争，促进教育协调发展；第六，重视产学研一体化的发展，把学术研究同生产实践相结合，使教育成为社会发展良好的推进剂；第七，降低高校的运行成本，多渠道增加高校的收入，注意高校成本、产出的协调，重视高校对外合作机制，采取多种收费形式，如全日制学生的学费、教学设施使用费等。

2001 年，老挝人民革命党第七次全国代表大会强调，要进一步完善教材体系，以保证各个级别的教育质量与教学水准不断提高，积极解决师资不足、师资水平相对偏低等问题。[①] 第七次全国代表大会后，老挝政府重点加强教育基础设施建设，一大批培训中心、实验室、教学楼等硬件设施得到充实，开展扫除文盲运动，小学教育、初等教育事业发展繁荣。2001 年 7 月老挝颁布的第 0922 号、第 0923 号、第 0924 号法令对高等教育中学分制的使用、教学的组织、课程结构与学习年限、高等职业文凭、学士和硕士项目等事宜作出了规定。

2006 年老挝人民革命党第八次全国代表大会更加重视教育事业发展，提出了加强国内教育与国际教育合作的方针。[②] 从此，老挝越来越多的学生跨出国门到世界各地求学，同时老挝也经常性邀请一定数量的优秀外教到国内任教，这一教育政策为老挝未来教育事业发展打下了基础。2007 年 7 月 3 日，老挝颁布了修订后的《教育法》，这是老挝第一部完整的教育法律。2007 年，老挝总理签署法令，开始执行《老挝2006—2015 年教育系统改革政策》，强调了高等教育的重要性，要求高校制定地区和国际标准，旨在为社会输送更多的高水平人才，兼顾教育规模的扩大和质量的把控，调整高校管理规划。强调教育改革需要以社会主义为导向，培养更多的专业技术人才；实行全面教学发展模式，以达到德智体全面协同发展的目的；教育的最终目标是重视教育的质量；支持社会更多部门共同参与到发展教育事业中来。为实现这些政策目标，老挝政府提出了系统性的四项规划和七项教育改革措施。

---

① 老挝人民革命党第七次全国代表大会决议报告（老挝文版本）。

② 老挝人民革命党第八次全国代表大会决议报告（老挝文版本）。

四项规划包括：第一，改革 11 年学制的中学制度，2010 年开始实行 12 年制（即"5+4+3"学制，其中 5 年小学、4 年初中、3 年高中），大学本科的 5 年学制改为 4 年制；第二，提高学生入学率，大力提高教学质量（一直延续至今）；第三，认真解决教师队伍中长期面临的一些问题，同时，也需要提高教育管理者的管理水平和能力（一直延续至今）；第四，加大职业院校的推广力度，加强全国各个省市的职业规划（一直延续至今）。七项教育改革措施包括：第一，整合现有的教学学科资源，逐步向世界标准和国际水平看齐；第二，加强教师队伍建设，优化教学手段和方法，大力提高教师的教育研究能力和学历层次，倡导各个高校采用效率更高、更科学的教学设备来进行教学；第三，调整、改变一些实际的教学方法，明确职责和权力范围，采用科学的方式和方法来管理教育事业，改变教学内容和形式，发展学校教学网络，进一步普及边远贫困地区；第四，不断整合国立教育院校资源，各个高等院校都需要建立完善学校教育管理制度、奖学金制度，完善教育设备设施，维持中学教育、职业教育和高等教育的连续性和连贯性；第五，加大教育资金的投入力度，根据老挝教育改革愿景，2001 年计划教育经费占政府经费开支的 12%，到 2010 年要达到 16%，2015 年占 18%，2020 年达到 20%；第六，提倡把高等教育由精英教育发展成为大众教育，同时要把学校教育、家庭教育和社会教育有机结合，相互推进，为此，还需要大力鼓励私立高等院校和公立高等院校共同发展；第七，老挝的高等教育发展要面向世界，需要借助国际人才、资金、管理经验等资源，推动老挝高等教育的国际化发展。

2007 年颁布的《2008—2009 学年和 2009—2010 学年老挝教育发展规划纲要》是老挝首次提出的年度教育发展规划，它对高等教育的现状进行了完整统计和详细分析，并在此基础上提出了需要优先发展的领域，如提高高等教育入学率、鼓励开办私立院校并立法规范其运营等。2000 年，老挝颁布了《教育法》，2007 年对《教育法》进行修订，明确将技术学校和其他颁发学位或者专业证书的院校纳入老挝高等教育范围。2009 年，老挝再次修订《教育法》，允许老挝国立大学、占巴塞大

学、苏发努冯大学在管理方面有一定的自主权；在教育体育部下设立了
高等教育部。这一时期，主要的成绩体现在以下几个方面。

（一）颁布涉及教育内容的法律

2000 年老挝颁布《教育法》并于之后多次修订，2003 年颁布了
《2003—2015 年全民教育工作规划》，2007 年颁布《国家教育改革战略
规划》及关于国家教育改革委员会成立及其运作的法令，通过立法来
规范和推动教育发展。

（二）确定老挝教育体系

根据 2007 年修订后的《教育法》，学校教育体系包括学前教育、
小学教育、中学教育和高等教育四个阶段，具体如图 1-1 所示。

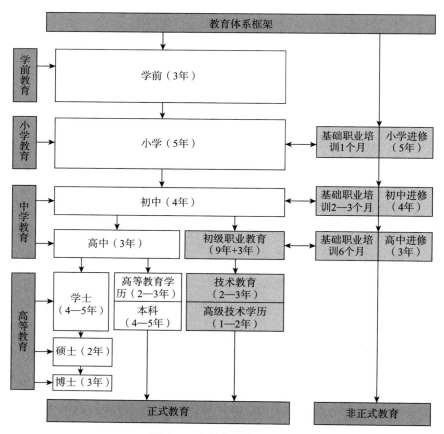

图 1-1　老挝教育体系框架

普通教育从 2010 年开始由 11 年制变为 12 年制，其中小学教育 5 年完成，初中教育 4 年完成，高中教育 3 年完成，职业教育从 1 个月至 3 年不等，高等教育学历教育与技术教育也设置了不同年限。

（三）　明确学位制度和学习时限

学生在大学或学院完成学习任务，取得相应学分，达到毕业要求的可获得相应的学位，学士学位类型有理学、文学和教育学三类（见表 1-1）。

表 1-1　学科及学位称谓

序号	学科	学位称谓
1	自然科学	理学学士
2	社会科学	文学学士
3	人文科学	文学学士
4	医学	理学学士
5	工程学	理学学士
6	教育学	教育学士
7	建筑学	理学学士
8	法学	文学学士
9	农学	理学学士
10	林学	理学学士
11	灌溉工程学	理学学士
12	电子学	理学学士
13	交通运输学	理学学士

准学士学位学习年限为 2—3 年；学士学位，普通大类学科的学习年限为 4 年及以上，非普通本科专业需继续深入专业或研究领域学习 1 年；硕士学位学习年限为 2—3 年，专业硕士不少于 2 年，学术硕士不超过 3 年；博士学位，学习年限为 3 年以上（见表 1-2）。

表 1-2　学位及相应学习年限

序号	学位	学习年限
1	准学士	2—3 年

序号	学位	学习年限
2	学士	4 年及以上
3	硕士	2—3 年
4	博士	3 年以上

（四）规范学习时间

老挝通过法律规定各种专业的完成年限及实践年限，确保达到培养质量（见表 1-3）。

表 1-3   各学科完成年限及实践年限要求

学科名称	学位名称	完成年限	实践年限
医学	理学学士	6—7 年	8 年
工程学	理学学士	4 年	10 年
教育学	教育学士	4 年	8 年
教师教育	教育学士	4 年	8 年
建筑学	理学学士	4 年	10 年
法学	文学学士	5 年	6 年
农学	理学学士	3 年	6 年
林学	理学学士	3 年	6 年
灌溉工程学	理学学士	3 年	6 年
交通运输学	理学学士	4 年	6 年
电子学	理学学士	3 年	6 年

（五）合理布局高等教育机构

由于老挝的学生人数连年增加，老挝政府开始增加高等教育机构的数量。2002 年老挝政府新建占巴塞大学，统一招收阿速坡、色贡、沙拉湾、占巴塞、沙湾拿吉和甘蒙六省学生。根据 169 号总理法令，苏发努冯大学于 2003 年成立，统一招收琅勃拉邦、沙耶武里、川圹、博胶、波里坎塞、乌多姆赛、华潘等省的学生。新增的大学使老挝大学的布局更加合理。

职业教育和职业培训是国家教育体系中重要的一部分，旨在培养和提供有知识、有能力、有手艺、有素质的人才。老挝的职业教育开设的专业涵盖农业、机械和工业等领域。职业学校的课程设置日趋合理,教学内容不断丰富,培养出来的学生职业素质基本能满足老挝社会经济发展的需求。老挝的职业教育有三个层次,分别是初级职业教育、中级职业教育和高级职业教育。不同层次的职业教育招收的对象和培养的时间不同。初级职业教育招收的对象主要是初中毕业生,培养时间一般是6个月至3年。中级职业教育主要是面向高中毕业生,培养时间为2—3年,是外国援助资金投向的重要领域。高级职业教育主要招收中职毕业生或是高中毕业生,教育机构往往是高校或高校级别的教育培训中心和研究所。老挝政府重视职业教育的发展,不断提高职业教育和职业培训的质量。

通过一系列的措施,老挝教育体系不断完善,政府在教育方面的经费投入不断增加,很多企业和个人也逐渐参与到教育事业当中,国民受教育程度逐年提高。老挝教育事业的发展取得了一定的成绩,小学入学率增高,辍学率降低,初中和高中入学率也逐年增高,高中毕业后进入大学继续学习的学生数量不断增加,未能进入大学的学生也可以进入高级职业技术学校进行专业知识和专业技能的学习,全国受教育者数量明显增加,各个层次的教育教学质量也有所提高。通过内部的改革调整,截至2010年,老挝高等教育体系逐渐形成,开始走上内涵式发展和国际化发展的道路,尤其是加大与东盟国家高等教育机构和国外其他高等教育机构的合作。

在看到成绩的同时,也要看到老挝高等教育面临的挑战。无论是高等教育,还是职业教育,老挝都面临教育基础设施亟须完善的问题。如学校的学生住宿条件有待提高,教室教学设备比较单一,教材更新慢,农村与城市教育资源存在差异,教学质量有待提高,这些都是急切需要解决的问题。

四 高等教育的内涵式发展和国际化发展时期(2010年至今)

高等教育国际化是随着经济和贸易的全球化、科技创新的跨学科与跨国发展以及不同民族文化的交流与融合而发展起来的。高等教育国际化主要包括教育思想的国际化、人才培养模式与教学方式的国际化、人员交流的国际化、高校办学的国际化、质量评价体系的国际化、市场竞争的国际化等内容。自从 1997 年 7 月 23 日加入东盟以后，老挝对外开放进入了快速发展时期，高等教育也随之走上了国际化道路。

2010 年以来，老挝政府支持各个高等院校开展国际交流合作。在国际交流方面，老挝支持高校学生出国留学深造，积极在国际上寻求更多的教育经费支持和援助，为老挝贫困学生寻求其他国家的政府和地区奖学金，为高校教学科研人员争取教育资助，鼓励他们继续深造，提高学历水平，从而提升老挝国民受教育程度和综合素质。

2011 年，老挝人民革命党第九次全国代表大会对深化教育革新提出了更高的要求。一是大力发展基础教育事业，全面提高全民族的思想文化素质特别是提高全民族的思想政治素质，教育和引导青少年学生坚定社会主义信念，树立正确的世界观、人生观、价值观、国家观、民族观。二是把扫除文盲纳入国家全面发展战略，争取早日实现联合国千年发展目标，逐步扫除中老年文盲，提高全民族的综合素质。三是加强人力资源建设，加强人力资源培养和科技培训，为社会经济发展造就有用之才。老挝人民革命党"九大"还特别提出，要重视和使用好专业技术人才和各类管理人才，培养一定规模的能工巧匠。①

2011 年 4 月，老挝第五次国家教育改革会议讨论了关于高等教育改革的一系列问题，如促进高等教育均衡发展、提高高等教育入学率、强调高等教育的科研作用等。2012 年颁布的《国民教育战略（2001—2020 年）》重点在于引进现代科学技术，鼓励各部门参与不同历史阶段老挝的改革与发展。

2015 年，老挝人民革命党提出了教育均衡发展的方针政策。在这一方针政策指导下，老挝宣布将在全国完成初中教育等同方案的制定与实施。截至 2015 年底，老挝全国已经实现普及小学义务教育，绝大多

---

① 老挝人民革命党第九次全国代表大会决议报告（老挝文版本）。

数省份已经实现普及初高中义务教育，同时高等教育和科学研究也取得了全面发展。2015 年，东盟经济共同体正式成立。这意味着，在东盟经济体系内，人才市场将没有国界，相对落后的老挝人才市场受到来自越南和泰国等其他较发达东盟国家的竞争压力，人才流动将更加频繁，人才市场将是东盟内部的自由市场，提高老挝高等教育人才的国际竞争力就显得更为重要。

2016 年老挝人民革命党召开第十次全国代表大会，会议指出，党和国家重视社会文化发展工作，加强人力资源开发，促进教育事业发展，通过革新积极提高教育质量。老挝人民革命党第十次全国代表大会还明确了未来教育政策指向，即革新教育体制机制，确定了小学、中学的教育目标，提出增设各类高等院校，提高科研人员素质，推动全民族身心健康和全面发展。①

为提高人才培养质量，2018 年、2019 年，老挝相继在高等教育质量改革方面作出了调整。《老挝全国高等教育 2018 年年度报告》显示，2018 年老挝全国高等院校共申报 56 个专业，老挝教育体育部共批准了 45 个专业课程，其中包括 38 个新专业（准学士学位 12 个专业，学士学位 19 个，专家二级专业 1 个，硕士学位 5 个，博士学位 1 个），调整 7 个专业学位。为了提高人才培养质量，2018 年，老挝教育体育部暂停了 7 个专业的开设（其中 5 个本科专业，2 个国内外联合培养硕士专业）。② 达不到高等教育质量标准的专业将逐步被淘汰，学科专业建设从量的增长转向质的发展。

另外，老挝开始重视内涵式发展，高等教育开始重视高等教育机构的科学研究工作，逐步改变以前老挝高等院校科学研究基础薄弱的现状。科学研究是高等院校重要职能之一，没有高水平的科学研究就不能提升高校人才培养的质量。为了改变老挝高等院校科学研究薄弱的现状，自 2018 年开始，老挝加大了对高校的科研投入和支持力度。根据

① 老挝人民革命党第十次全国代表大会决议报告（老挝文版本）。
② 参见《老挝全国高等教育 2018 年年度报告》。

《老挝全国高等教育 2018 年年度报告》，2018 年老挝高校科研立项 99 项，但还是比预期目标少了 70 项，当年老挝国内发表 65 篇科研论文，国外发表 4 篇。① 科研水平还处在起步阶段，但这也已经是老挝高等教育内涵式发展的重要标志了。

2021 年，老挝人民革命党第十一次全国代表大会强调，要继续完善各级普通教育、职业教育、高等教育和国家行政管理领域教育的课程内容和教学方式，加快推进课程建设现代化，为各创新领域培育更多的高素质人才。② 《老挝 2030 年远景规划》中也指出老挝政府将努力为老挝人民创造平等的受教育机会，促进教育公平，致力于提高教育质量，将老挝人民培养成为守纪律、勇敢、有素质的人，努力缩小城乡贫富差距。老挝政府意识到，只有扩大受教育者的规模，提升整体教育质量，增加优质劳动力，才能更快地推动经济发展，与地区和国际相接轨。而经济发展快了，又能进一步推动教育事业的发展。

在高等教育国际化方面，老挝教育体育部积极保持同东南亚教育部长组织区域高等教育与发展中心（SEAMEO-RIHED）开展区域合作，鼓励高校积极参与湄公河次区域高校联盟（GMS-UC）。自 2014 年开始，老挝推动 4 所国内的大学同欧盟合作，开展 "欧洲路演（EU Road Show），在欧洲学习（Study in Europe），在欧洲学习与研究（Study and Research in Europe）项目"。积极同日本、中国、韩国、越南、泰国等国高校合作，达成合作意向，促进老挝高等教育国际化。此外，老挝政府利用国际援助，加强老挝高校网络建设，推动高等学校信息化建设，以保持老挝高校同世界高校接轨。

经历约半个世纪的发展，老挝探索出一条适合老挝本土及国际社会发展要求的高等教育之路，高等教育得到了较为长足的发展，主要表现在以下四个方面。

第一，高等教育学生人数不断增加。自 1986 年老挝推行全国范围

---

① 参见《老挝全国高等教育 2018 年年度报告》。

② 老挝人民革命党第十一次全国代表大会决议报告（老挝文版本）。

内的经济体制改革以来，老挝经济得以快速发展，发展潜力得到充分释放，这为教育发展提供了经济保障。老挝九年义务教育普及率由 20 世纪 80 年代的不足 60% 上升至 2018 年的 93%，不断提高的义务教育普及率为高等教育发展奠定了良好的生源基础，也为老挝实现高等教育的进一步发展创造了前提条件。到了 2002 年，老挝在校大学生人数比例约为每 10 万人中有 330 人，到 2018 年，这一数据提高至每 10 万人中有 1100 人，增长率达 233%。① 与世界上其他国家的高等教育发展状况相比，老挝高等教育仍旧存在一定的差距，但纵观老挝各个阶段的历史发展及老挝经济基础相对薄弱的现状，老挝高等教育受教育人数快速增加，这是老挝高等教育取得的成果之一。

第二，学科门类逐步齐全。老挝高等教育起步于 1958 年首都万象成立的皇家法律和管理学院，当时的高等教育专业设置也相对较少。1969 年成立了国内第一所综合大学——希莎邦蓬大学，1995 年老挝国立大学成立，这成为真正意义上老挝现代学科划分出现的重要标志。老挝国立大学建立于 10 所不同教育机构的基础之上，涵盖教育学、经济学、理学、哲学等十余个学科门类，涵盖基础科学、自然科学与社会科学等诸多方面，已经初具现代学科分类的模型。以老挝国立大学为例，在本科教育阶段就已包括经济学、管理学、法学、医学、农学等 11 个一级学科门类。在研究生教育中，也包括经济管理、工商管理、文学、林学等多种不同学科方向及交叉学科。老挝高等教育在专业上划分为 13 个学科门类近 60 个二级学科，不仅涵盖具有老挝特色的老挝语、佛学、老挝文学等专业，还包括电子商务、商务金融等新兴国际专业，高等教育的专业领域跨度不断扩大。

第三，高等教育体制日趋完善。老挝的高等教育机构主要包含国立高等教育机构、私立高等教育机构、职业院校以及师范院校，以满足国内学生的不同学习需求。其中，国立高等教育机构和师范院校发展较早，

---

① 仙婉（Ms Saleumsak Khansavanh）:《"4E"视角下老挝高等教育政策研究》，首都经济贸易大学硕士学位论文，2019。

尤其是师范院校，因为其生源主要来源于国内高考生，故院校数量和学生人数稳定增长。私立高等教育机构作为国立高等教育机构的重要补充，满足了老挝人民对不同类型教育的需求，目前私立高等教育机构已成为国内高等教育机构中比重最大的类型。老挝教育部门公开资料显示，全国高等院校合计近两百所，其中一半以上都是私立高等教育机构，其次是职业院校、师范院校，数量最少的是国立高等教育机构。同时，老挝大力发展中高等职业教育，为社会提供大量有专业技能的现代化人力。

第四，老挝高等院校不断加强国际交流合作，通过与国外大学的合作交流，提高自己的办学能力和水平。以老挝国立大学为例，曾经先后和泰国、中国等 15 个国家 150 多所外国大学、培训机构开展国际交流合作。老挝教育体育部还积极地开展与国外高校的学历和学位认证，加强与东盟国家间高等院校合作交流。积极引入外国教育资金、设备、教师，设立外资院校，如老挝—美国学院、老挝—韩国学院、老挝苏州大学等，不断推动老挝高等教育的发展。

自老挝人民革命党第四次全国代表大会确定革新开放的基本路线以来，老挝教育事业得到了发展，为老挝经济社会发展提供了人力资源保障。老挝人民革命党第十一次全国代表大会又强调，要提高各级各类教育质量，加强教师的专业能力和职业道德建设，形成高素质专业化教师队伍，以满足现代教育事业发展的需要；确保老挝各族群众及其子女能接受高质量的基础教育，接受职业和劳动技能培训；推动教师广泛开展科学研究，不断提高创新能力，把现代科技运用于教育教学；加强教育培训，使劳动力在综合素质上赶上大湄公河次区域其他各国；加强对国家教育资金使用的管理，为融入地区和国际，迎接 4.0 时代创造教育条件。① 老挝社会经济发展 "九五" 规划 （2021—2025 年） 对教育事业发展提出的具体目标任务是：到 2025 年 5 岁儿童入学率达到 86%；中学四年级 （高一） 入学率高于 74%；小学三年级老挝语达标率为 50%，数学达标率为 30%；小升初 （小学五年级升初一） 比例达到 95%；小

① 　老挝人民革命党第十一次全国代表大会决议报告 （老挝文版本）。

升初男女生公平度区间达到 0.97%—1.03%；在 2025 年以前，力争使在国内外接受各类高等教育的毕业人数超过 8 万人。[①] 面对新的目标任务，老挝人民革命党按照"十一大"制定的国家发展新目标，进一步深化革新开放，立足本国国情和发展现状，加大教育投入力度，有效整合社会资源，推动老挝教育事业发展。

第二节　老挝高等教育现状

近年来老挝教育事业的发展取得了一定的成绩，教育体系不断完善，政府在教育方面的经费投入不断增加，很多企业和个人逐渐参与到教育事业当中，国民受教育程度逐年提高，老挝各个层次的教育教学质量也有所提高。

一　老挝高等教育机构数量

（一）高等学历教育

老挝教育体育部全国高等教育 2018 年年度总结报告显示，老挝全国各类普通高等教育院校共计 80 所，其中公立院校 21 所，私立院校 59 所。其中，以大学冠名的高校有 6 所，有老挝国内老牌高校，也有国际知名高校到老挝创办的分校。这 6 所大学中隶属老挝教育体育部的有 4 所，分别是老挝国立大学、苏发努冯大学、占巴塞大学、沙湾拿吉大学；隶属公共卫生部的有 1 所，为老挝健康科学大学；国外大学办学的有 1 所，为中国苏州大学在老挝开设的老挝苏州大学。另外，还有数十所为学院和教育机构，例如隶属国防部的凯山·丰威汉国防学院，隶属公安部的人民警察学院，隶属财政部的经济金融学院，隶属司法部的司法学院，隶属老挝人民革命党中联部的中央党校等，都是真正意义上的

---

① 郑婷、方文：《老挝教育事业发展的历程与成就》，《社会主义论坛》2024 年第 2 期。

大学。私立院校在老挝高等学历教育中占多数，共 59 所，如森德拉学院，这些民办学院办学层次、质量和办学能力参差不齐。2017 年，老挝教育体育部暂停了很多民办学院招收本科层次学生的资格，受此影响，能够授予学士学位的高等教育院校为数并不多，2018 年仅有两所私立学院能招收本科生。此外，还有一些拥有外资背景的国际院校，它们也是老挝高等教育的重要组成部分，例如，老挝—美国学院、老挝—德国学院、老挝苏州大学等。

（二）职业教育

老挝职业教育司年度报告数据显示，2018—2019 学年度，老挝全国共有 92 所职业技术类学校，其中直属老挝教育体育部的公立职业类学校 25 所。值得注意的是，这 25 所学校包含在教育体育部统计的 80 所高校当中。

2018—2019 学年老挝高等教育系统高校数量（含军事院校、大学、职业技术类学校、各类学院和相关学校型研究机构）为 147 所。①

二 老挝高等教育在校学生人数

（一）老挝全国普通院校在校学生规模

2018—2019 学年老挝公立高校具体四个层次学历的学生分布如表1-4 所示。

表 1-4　2018—2019 学年老挝公立高校博士、硕士、本科、大专生人数

单位：人

在校学生数	博士生		硕士生		本科生		大专生	
	总计	女	总计	女	总计	女	总计	女
71741	19	2	1811	650	39737	19784	30174	15719

资料来源：根据 2019 年老挝教育体育部高教司、职教司 2018 年年度总结统计数据汇总。

2019 年 4 所高校录取的新生为 9675 人，招生名额较 2018 年有所增

---

① 数据来自老挝教育体育部，部分为年度统计报告，部分为各司局公布的数据。

加。老挝全国大学生数量有一定的增加，反映出老挝政府在不断扩大入学机会，扩大大学生招录比例，教育政策进一步放松。

（二）职业类院校在校学生规模

2018—2019 学年，老挝全国职业类院校在校学生人数共有 57278 人，其中，女性 26255 人。职业类院校中公立学校在校学生数 35611 人，其中女性 14519 人。私立学校在校学生数 21667 人，其中女性 11736 人。2018—2019 学年新生 16837 人，较 2017—2018 学年减少了 10%。[1]

（三）师范类院校在校学生规模

2018—2019 学年，老挝师范类院校在校学生人数为 8915 人，其中，女生 5505 人。[2] 根据大学、学院、师范类院校在校生数据，2018—2019 学年，老挝全国高等教育系统在校生逾 13 万人。

三　老挝高教系统教师数量

（一）老挝高校师资力量

老挝的师资培养工作起步于 20 世纪 50 年代，但是高校师资主要依靠国外培养，一直到目前都是如此。老挝国立大学教师基本都有国外求学经历，其中主要是到泰国、越南、法国、中国等国家深造，取得证书之后回国任教。这些到国外提升学历的教师在国外学习期间，学校为其发放基本工资，保持其职务、职级，有公务员身份编制的国家予以保留，社会医疗保险也予以正常缴纳。2018 年，老挝教育体育部直属的 4 所高校共有 130 名教师（其中女教师 52 人）在国内外提升学历；攻读博士学位的教师有 20 人，攻读硕士学位的有 69 人，攻读学士学位的有 41 人。2018 年，还挑选 115 名教师，提供长期教学金，以帮助他们在国内外提升学历，其中资助 27 名教师到国外攻读博士学位，资助 33 名教师到国外攻读硕士学位。2018 年老挝教育体育部直属 4 所高校教师

---

[1]　参见《老挝职业教育 2018—2019 年度报告》。

[2]　参见老挝 2018—2019 年学校人口普查数据。

情况如表 1-5 所示。

表 1-5　2018 年老挝教育体育部直属的 4 所高校的教师（含行政人员）数量

单位：人

合计	老挝国立大学		占巴塞大学		沙湾拿吉大学		苏发努冯大学	
	总计	女	总计	女	总计	女	总计	女
2882	1755	785	401	152	413	123	313	134

资料来源：老挝教育体育部 2018 年度全国高等教育大会。

（二）公立本科院校（非师范类）师资

2018—2019 年度，老挝公立本科院校在职教师（不含行政人员）共 2717 人，其中女性 884 人。[①]

（三）职业类院校师资

2018—2019 年度，老挝职业类院校教师（不含行政人员）共有 4551 人[②]，其中女性教师 1626 人。公立职业院校教师 2319 人，其中女性教师 865 人；私立职业院校教师 2232 人，其中女性教师 761 人。

（四）师范类院校师资

2018—2019 年度，老挝师范类院校教师（不含行政人员）共 869 人，其中，女性教师 460 人。[③]

综合老挝普通本科高校、职业类院校、师范类院校的教师（不含行政人员）的数据，2018—2019 学年度在职教师共 8137 人。

四　高等教育投入

教育的发展是百年大计，需要持续不断地投入。从一个国家对教育的财政投入，可以看出这个国家教育整体情况，也就能折射出高等教育整体水平，表 1-6 统计了老挝对教育领域的投入占当年 GDP 的比例。

---

① 参见老挝 2018—2019 年学校人口普查数据。

② 参见《老挝职业教育 2018—2019 年度报告》。

③ 参见老挝 2018—2019 年学校人口普查数据。

表 1-6　老挝政府对教育领域的投入占当年 GDP 的比例

单位：%

年份	教育投入在 GDP 中的比重
2010	1.71
2011	1.71
2012	1.82
2013	3.23
2014	2.94
2015	3.00
2016	3.14
2017	2.50
2018	2.40
2019	2.30
2020	2.36
2021	2.25

资料来源：老挝历年教育报告，https://www.moes.dsa.edu.la/。

从表 1-6 可以看出，老挝政府从 2010 年到 2021 年 12 年间对教育的投入占当年 GDP 的比例在 1.71% 到 3.23% 之间浮动，比例最高年份为 2013 年，达 3.23%，从 2018 年到 2021 年的 4 年间，都低于 2.5%。可以看出，教育支出在老挝财政支出中所占比例不高。

为了改变教育投入偏低问题，老挝制定了《老挝人才发展战略 2025》。表 1-7 显示了至 2025 年老挝教育发展和投入的基本目标。

表 1-7　至 2025 年老挝教育发展和投入基本目标

指标	参照年数据信息	数据参照年	目标	
			2020 年	2025 年
高中毕业后接受职业教育的比例	67%	2015	60%	60%
高中毕业后接受高等教育的比例	19%	2015	20%	25%
到国外接受各级教育的人数	5070 人	2015	20000 人	
政府教育支出占政府总支出比例	14.6%	2013/2014	18%	>18%

资料来源：《老挝人才发展战略 2025》。

从《老挝人才发展战略 2025》看，相较于 2015 年，高中毕业后接受高等教育的比例、到国外接受各级教育的人数都有提高，海外留学人数增加尤其显著。高中毕业后接受职业教育的比例持平。《老挝人才发展战略2025》提出，2020年教育支出占政府总支出的比例不低于18%，这一比例至少持续到2025年。

第三节　老挝高等教育资源区域分布

从老挝行政区划看，北部为九省，分别是丰沙里省、博胶省、乌多姆赛省、川圹省、赛宋本省、琅南塔省、华潘省、沙耶武里省、琅勃拉邦省；南部为占巴塞省、阿速坡省、色贡省、沙拉湾省、甘蒙省、沙湾拿吉省；中部为首都万象市、万象省、波里坎塞省。老挝高等教育资源分布主要通过普通高校数量、师资力量、学生规模等体现，同时也包括学科资源、品牌资源等指标。

一　普通高等院校数量

截至2011年，老挝全国共有127所高校，其中，万象市高校数量最多，共有47所，占比37.0%（见表1-8）。

表1-8　2011年老挝全国高校分布情况

单位：所，%

序号	省或直辖市	高等院校数量	占比
1	万象市	47	37.0
2	丰沙里省	1	0.8
3	琅南塔省	4	3.1
4	乌多姆赛省	6	4.7
5	博胶省	3	2.4
6	琅勃拉邦省	8	6.3
7	华潘省	3	2.4
8	沙耶武里省	6	4.7

续表

序号	省或直辖市	高等院校数量	占比
9	川圹省	5	3.9
10	万象省	7	5.5
11	波里坎塞省	5	3.9
12	甘蒙省	7	5.5
13	沙湾拿吉省	11	8.7
14	沙拉湾省	2	1.6
15	色贡省	1	0.8
16	占巴塞省	9	7.1
17	阿速坡省	2	1.6
18	赛宋本省	—	—
	合 计	127	

资料来源：老挝教育体育部统计数据，https://www.moes.dsa.edu.la/。

随着万象经济圈的不断扩大，人口不断增长，截至 2019 年，老挝全国共有 147 所高等院校，相较 2011 年增加了 20 所，增加的 20 所院校几乎都集中在万象地区。截至 2019 年，万象市所在的中部地区集中了老挝超过大半的高等院校，其中包含两所重要的大学，一所是隶属教育体育部的老挝国立大学，一所是隶属公共卫生部的健康科学大学。老挝南部也有两所大学，作为老挝经济大省之一的占巴塞省，有占巴塞大学；此外，沙湾拿吉省有沙湾拿吉大学。北部的琅勃拉邦省有苏发努冯大学。

从表 1-9 可见，在民办教育（不含公立高校，含私立职业类高校）领域，2015—2016 学年老挝高校数量也主要集中在万象市，达到 25 所，占比 37.9%，可见老挝高等教育资源区域分布并不均匀。

表 1-9 2015—2016 学年老挝各地民办高等教育高校数量及所占比例

单位：所，%

序号	省或直辖市	高校数量	占比
1	万象市	25	37.9
2	丰沙里省	1	1.5

序号	省或直辖市	高校数量	占比
3	琅南塔省	2	3.0
4	乌多姆赛省	3	4.5
5	博胶省	1	1.5
6	琅勃拉邦省	3	4.5
7	华潘省	1	1.5
8	沙耶武里省	4	6.1
9	川圹省	2	3.0
10	万象省	4	6.1
11	波里坎塞省	3	4.5
12	甘蒙省	4	6.1
13	沙湾拿吉省	6	9.1
14	沙拉湾省	1	1.5
15	色贡省	—	—
16	占巴塞省	5	7.6
17	阿速坡省	1	1.5
18	赛宋本省	—	—
合计		66	

资料来源：老挝教育体育部。

二　师资力量

根据老挝教育体育部和内政部的管理规定，老挝教师属于公务员编制，一般公立学校的教师都是公务员编制，民办学校的教师一般不具有公务员身份。因此，分析老挝高等教育师资力量主要从公办高等教育和民办高等教育师资力量两部分来分析。

（一）公办高等教育师资力量分布

老挝允许公立学校教师到其他高校和教育机构兼职，故此，在统计分析的时候，一般只分析各院校的专任教师。而在公立院校中，师资绝大部分都在老挝主要的 4 所大学里，为提高数据的准确度，我们主要分析这 4 所大学的师资情况，因为这部分教师占到了全国高校教师的绝大部分，具有一定的代表性。老挝主要师资力量集中在首都万象，其中，老挝国立大学教师占到了全国公立大学教师的 60%。

（二）民办高等教育师资力量分布

2018—2019 学年，老挝民办高等教育共有专职师资 1502 人，其中，女性 632 人。[①] 为了教学需要，各院校聘用兼职教师 1053 人，他们主要来自老挝的几所大学，以及一些聘请的外教，如来自附近国家的教师，特别是泰国教师。这些兼职教师可以在各学院兼职。在分析民办高校师资力量分布时，主要统计大专院校的师资分布，以代表性地总结老挝民办院校师资力量的区域分布。各地师资力量分布如表 1-10 所示。

表 1-10 民办院校师资力量分布

单位：人，%

序号	省或直辖市	教师数量	占比
1	万象市	1559	54.7
2	丰沙里省	16	0.6
3	琅南塔省	80	2.8
4	乌多姆赛省	110	3.9
5	博胶省	16	0.6
6	琅勃拉邦省	81	2.8
7	华潘省	24	0.8
8	沙耶武里省	76	2.7
9	川圹省	90	3.2
10	万象省	73	2.6
11	波里坎塞省	58	2.0
12	甘蒙省	219	7.7
13	沙湾拿吉省	291	10.2
14	沙拉湾省	20	0.7
15	色贡省	—	—
16	占巴塞省	103	3.6

① 参见老挝 2018—2019 年学校人口普查数据。

序号	省或直辖市	教师数量	占比
17	阿速坡省	32	1.1
18	赛宋本省	—	—
	合计	2848	

三　学生规模

2018—2019 学年，老挝民办高等教育在校生总数为 36152 人，其中，万象 22277 人，占比 61.6%（见表 1-11）。

表 1-11　民办高等教育在校生数量

单位：人，%

序号	省或直辖市	学生数量	占比
1	万象市	22277	61.6
2	丰沙里省	69	0.2
3	琅南塔省	1051	2.9
4	乌多姆赛省	1120	3.1
5	博胶省	434	1.2
6	琅勃拉邦省	1043	2.9
7	华潘省	278	0.8
8	沙耶武里省	780	2.2
9	川圹省	950	2.6
10	万象省	543	1.5
11	波里坎塞省	1253	3.5
12	甘蒙省	1110	3.1
13	沙湾拿吉省	2840	7.9
14	沙拉湾省	112	0.3
15	色贡省	—	—
16	占巴塞省	1866	5.2
17	阿速坡省	426	1.2
18	赛宋本省	—	—
	合计	36152	

2019 年，教育体育部 4 所直属高校在校生为 36874 人，加之隶属公共卫生部的健康科学大学的 1373 人，2019 年老挝大学生为 38247 人，处于万象市行政区域的老挝国立大学和健康科学大学学生为 22739 人，占比 59.5%。故此，从学生数量分布看，老挝高校学生也主要集中在中部地区，特别是万象市。

总的来讲，不论是从普通高校的数量看，还是从公务员编制的高校教师、在校生数量看，老挝首都万象所在的中部地区基本囊括了老挝全国主要的高等教育资源，资源集中程度明显要高于北部和南部。老挝高等教育形成了天平状，中间挑起两头，高等教育资源空间地域分布严重不均，并且就目前形势看，这一情况正在加剧。老挝高等教育资源的分布不均也导致了老挝人民对高等教育的评价普遍偏低，老挝高等教育的发展还不能满足人民日益增长的教育需求。

第四节　老挝主要大学概况

老挝高等教育开始较晚，以 1958 年创办的皇家法律和管理学院为开端。1964 年，老挝整合资源，通过合并几所地方学校，组建了万象国立教育学院。1975 年老挝人民民主共和国成立，当时国家百废待兴，为了满足社会发展的需求，老挝制定了大力发展高等教育的政策，各个部委先后创办了许多高等教育机构，如教育、交通运输、卫生、邮政、建设、农业和林业等部门都有属于自己的大学或者学院。1987—1988 年，老挝新建了水利建设学院、电子工程学院和交通运输学院，高等学校从 6 所增加到 9 所。到 1995 年，全国已有高等院校 37 所，其中 10 所院校提供学士学位以上课程，27 所院校提供证书课程。1995 年老挝总理府颁布法令，合并万象 10 所隶属于不同部委的院校，成立由教育体育部管辖的国立大学，这就是老挝国立大学。2002 年老挝政府决定在南部新建占巴塞大学，2003 年建立苏发努冯大学，后来又陆续建立部分国际学院。老挝多数大学网页只有老挝语的学校介绍，导致我们对老挝大学情况了解不多。为了了解老挝主要大学情况，本书对老挝主要大学基本情况进行了梳理。

一 老挝国立大学

老挝国立大学（National University of Laos），是老挝排名第一的综合性大学。学校于 1995 年由 10 个独立学院合并而成，分别是万象教师培训学院、国家理工学院、医科学院、电子科技学院、万象交通与通信学院、万象建筑学院、达通灌溉学校、东都林学院、纳邦农学院、温卡姆农业中心。老挝国立大学办学宗旨为促进老挝高等教育更为合理化，有效为国家培育人才。老挝国立大学与国外 130 多个大学、培训机构以及组织建立了合作关系，开展培训、交流讲座、交换生、合作研究及研究生项目。学校是东盟大学联盟（ASEAN University Network）、世界法语大学联盟（AUF）、大湄公河次区域学术与研究联合体（Greater Mekong Sub-region Academicand Research Network）成员以及东盟大学网络工程教育发展学会（AUN-SEED-NET）成员。①

（一）课程

本科及高等文凭课程：学校本科课程包括学习 1 年基础课程，在各学院学习 3—4 年专业课程。高等文凭课程需要学习 2—3 年。由土木工程学院、建筑学院、森林科学学院以及农业学院组织教学。获得高等文凭的学生如果希望继续攻读学士学位，需要修一个学期的过渡课程。

研究生课程：经济与管理学院、文学院、森林科学学院以及土木工程学院等学院开设研究生课程，承担培养研究生任务。

（二）学院设置

老挝国立大学经过 20 多年的发展，在数量和质量上都取得了长足的进步，组织架构不断完善，截至 2022 年 1 月，拥有社会科学学院、教育学院等 14 个学院（见表 1-12），2 个研究所，11 个办公室，8 个

---

① 参见老挝国立大学网站，https://www.nuol.edu.la。

中心，1座图书馆，1家医院。

表 1-12 老挝国立大学学院设置情况

序号	学院
1	社会科学学院
2	教育学院
3	文学院
4	经济与管理学院
5	法学-政治学院
6	环境科学学院
7	森林科学学院
8	体育学院
9	自然科学学院
10	建筑学院
11	土木工程学院
12	农业学院
13	水资源学院
14	孔子学院

（三）行政机构设置

老挝国立大学内设本科教育办公室、国际交流办公室、组织人事管理办公室、计划财务办公室、学术办公室等 10 多个行政机构，详见表 1-13。

表 1-13 老挝国立大学行政机构设置情况

序号	行政机构
1	学生管理办公室
2	本科教育办公室
3	国际交流办公室
4	组织人事管理办公室
5	计划财务办公室
6	宿舍管理办公室

序号	行政机构
7	科学研究与技术服务办公室
8	检验处
9	学术办公室
10	老挝国立大学办公室
11	中国驻老挝国立大学办公室
12	建筑服务办公室

（四）教职工及学生

截至 2022 年 1 月，老挝国立大学共有教职工 1763 人，其中女性教职工 824 人。共有教师 1445 人，其中女性 637 人。博士 186 人，其中女性 41 人；硕士 956 人，其中女性 408 人；学士 568 人，其中女性 343 人。教授 1 人，副教授 79 人，其中女性 10 人。

老挝国立大学有在读学生 23861 人，其中女学生 11425 人。博士研究生 16 人，其中女性 2 人；硕士研究生 1104 人，其中女性 432 人；本科生 22621 人，其中女性 10947 人。

（五）专业及课程设置

1996—2021 年，老挝国立大学共开设课程 233 门，其中 107 门本科课程，66 门硕士课程，6 门博士课程，5 门国际课程。

本科：共有 198 个专业，其中专升本 31 个专业。

硕士：共有 56 个专业。

博士：共有 2 个专业。

（六）国际交流合作

目前，越南、中国、日本、法国、德国、泰国、韩国等国家的政府组织及团体为老挝国立大学设立奖学金项目。2006 年 1 月，欧洲委员会代表团资助老挝国立大学，开设了环境工程和管理的硕士学位课程。德国锡根大学作为项目协调员和主要的合作伙伴，与老挝国立大学签订合作协议，负责项目的实施。德国锡根大学、波兰克拉科夫科技大学以及泰国诗琳通国际理工学院也是老挝国立大学的合作伙伴。

中国驻老挝大使馆于 2014 年设立 "中国大使奖学金"，每年设置 50 个奖学金名额，资助老挝国立大学品学兼优的贫困学生，希望获得该奖学金的学生把实现自己的梦想与实现国家的梦想紧密结合起来，努力拼搏，为中老友好世代相传、发扬光大努力贡献自己的力量。

老挝国立大学重视国际交流合作。与韩国的 9 所大学、泰国的 10 所大学、越南的 12 所大学、中国的 6 所大学、日本的 15 所大学、美国的 4 所大学、加拿大的 3 所大学、新西兰的 4 所大学、澳大利亚的 2 所大学、瑞典的 2 所大学、丹麦的 1 所大学、波兰的 1 所大学、德国的 3 所大学、法国的 9 所大学、俄罗斯的 1 所大学以及柬埔寨的 1 所大学建立了合作关系。①

老挝国立大学积极开展与中国的合作交流。2004 年 11 月 3 日，中国驻老挝大使馆李可武参赞代表教育部和国家汉办②向老挝国立大学赠送各类中文图书 1000 册。在捐赠仪式上，老挝国立大学塞亚芒副校长高度评价了中老两国政府在教育领域的友好合作，衷心感谢中国教育部和国家汉办对老挝国立大学的支持和帮助。他说，中方此次赠送的 1000 册图书，充实了老挝国立大学图书馆藏书的种类和数量，校方可充分利用这些宝贵的图书为学校的教学服务，扩大在校师生的知识面。

2008 年 12 月 5 日，老挝国立大学校长苏孔森教授一行利用前往海南参加亚洲高等教育合作会议途经昆明的机会，到昆明理工大学访问交流，老挝国立大学代表团与昆明理工大学进行了项目合作洽谈，苏孔森校长对两校已经开展的在老挝联合培养 "国际金融管理" 专业方向硕士研究生的项目给予了高度评价，并称这一项目受到了老挝政府的高度重视和多方赞赏，老挝部分有关国家领导人也对这一项目专门给予了高度评价，希望管理科学与工程学院在老挝开设 "管理科学与工程" 专

---

① 参见《老挝国立大学》，中国—东盟中心网站。
② 今 "教育部中外语言交流合作中心"。2020 年 7 月 6 日，经教育部批准，成立了 "教育部中外语言交流合作中心"，原 "孔子学院总部" 和 "国家汉办" 两个机构名称不再使用。

业培养博士研究生的项目继续得到支持，苏孔森校长提出了两校联合在万象建立一个"中国—老挝合作中心"。随着中老两国友好合作关系的不断深入，两国教育部门特别是两国大学间的交流与合作愈加频繁，成果更加丰硕。

二　占巴塞大学

占巴塞大学（Champasak University）是老挝的一所公立大学，位于占巴塞。占巴塞处于老挝南部，曾经是老挝的一个王朝所在地。2002年老挝政府决定在南部新建占巴塞学院，2004 年 7 月 5 日正式命名为"占巴塞大学"。学校宗旨为加强高等教育，培养优质人力资源，为国家和当地社会经济发展作出贡献。学校的目标是：促使老挝高等教育的统一，特别是要建立一所能统一招收南部六省（阿速坡、色贡、沙拉湾、占巴塞、沙湾拿吉和甘蒙六省）① 学生的大学。

（一）课程

本科及高等文凭课程：本科课程包括 1 年基础课程和 4 年专业课程。高等文凭课程需要学习 3—4 年，工程学院、建筑学院、林学院以及农学院承担高等文凭课程教学。获得高等文凭的学生如果希望继续攻读学士学位，需要再修一个学期的过渡课程。

研究生课程：经济与管理学院、自然科学学院、文学院、林学院以及土木工程学院开设研究生课程。

（二）学院设置

老挝占巴塞大学下设教育学院、林学院、法学-政治学院、经济与管理学院、自然科学学院、土木工程学院等学院。

（三）行政机构设置

老挝占巴塞大学下设组织人事管理办公室、行政与综合办公室、学术办公室、学生管理办公室、计划与国际合作办公室、科学研究与技术服务办公室等行政机构。

---

① 参见老挝占巴塞大学网站，https://www.cu.edu.la。

（四）教职工及学生

截至 2022 年 1 月，老挝占巴塞大学共有教师 410 人，其中博士 22 人，其中女性 6 人；硕士 187 人，其中女性 31 人；学士 194 人，其中女性 90 人；大专 5 人，其中女性 4 人；中专 2 人，其中女性 1 人。

学校在读学生共有 3549 人，其中女性学生 1741 人。[①]

（五）专业设置

占巴塞大学共有 46 个专业，学制 4 年。

（六）发展计划

《占巴塞大学未来发展计划（2016—2030 年）》共有六大规划：提高教育质量一致性计划；促进科学研究和学术管理计划；促进残疾人、贫困家庭子女以及农村妇女接受更多教育计划；促进体育运动，保护民族文艺和老挝优良传统文化计划；加强系统管理的计划；促进国内和国际合作计划。

三　苏发努冯大学

苏发努冯大学（Suphanuvong University）是老挝的一所重点大学，也是四所公立大学之一，位于老挝北部琅勃拉邦省。琅勃拉邦是老挝的古都，也是老挝的第四大城市。该大学根据 2003 年 11 月 4 日第 169 号总理令成立，以老挝人民民主共和国第一任总统苏发努冯王子的名字命名。[②]

根据 2009 年 4 月 3 日关于苏发努冯大学组织和运营的第 099 号皇家法令，苏发努冯大学是教育体育部下属的国家教育和文化学院。该大学旨在培养人才，开展科学研究，履行保护和弘扬老挝独特的民族艺术和文化职能，为社会提供人才智力服务。

苏发努冯大学有两个校区。主校区位于懂卖（Donemai）村，沿 13 号公路 9 公里，占地 110 公顷。苏发努冯大学第二校区为教育学院，占地 2 公顷，位于呐桑为（Nasangwei）村，离市中心最近。2018 年苏发

---

① 占巴塞大学官网，https://www.cu.edu.la。

② 参见老挝苏发努冯大学网站，https://www.su.edu.la。

努冯大学与昆明理工大学建立老挝北部第一所孔子学院。

（一）专业及课程设置

苏发努冯大学共有 39 个本科专业，3 个硕士专业。

开设本科及研究生文凭课程，拥有高等文凭的学生如果希望继续攻读学士学位，需要修一个学期的过渡课程和两年在各学院专业学习。

本科需要学习 1 年基础课程，在各学院进行专业学习 3—4 年。研究生课程学制为 2—3 年，工程学院、经济与旅游学院、农林资源学院具备研究生招生资格。

（二）学院设置

苏发努冯大学下设教育学院、语言学院、建筑学院、经济与旅游学院、工程学院、孔子学院等学院。

（三）行政机构设置

苏发努冯大学下设行政办公室、组织和人员办公室、检验处、建筑与设施管理办公室、财务处、学术办公室、国际交流办公室、学生事务处、科研与学术服务办公室等行政机构。

（四）附属机构

苏发努冯大学下设信息技术中心、图书馆、老挝—韩国企业孵化中心等附属机构。

（五）职工及学生人数

截至 2022 年 1 月，苏发努冯大学共有 489 名员工，其中教师 429 人。在读学生共有 3097 人，其中女性学生 1606 人。研究生 78 人，其中女性学生 30 人。

（六）国际交流合作

苏发努冯大学国际交流办公室成立于 2008 年，办公室主要职责为开展苏发努冯大学国际合作教育研究和培训项目，负责出国留学管理，以及孔子学院合作交流。作为苏发努冯大学对外合作与交流的平台，该办公室积极引进国外优质教育资源，开发符合老挝经济社会发展需要和学校实际情况的学历学位教育项目。

苏发努冯大学与越南、中国、泰国、韩国、日本等国多所国外高校建立了友好院校关系，积极开展教育交流与合作。现已与国外高校签了45份合作协议，其中包括中国的昆明理工大学、云南民族大学、云南师范大学、贵州民族大学、贵阳幼儿师范高等专科学校、西双版纳职业技术学院、福州大学、贵州交通职业技术学院、上海大学等11所高校。与泰国梅州大学、皇家理工大学、马哈沙拉堪大学、艺术大学、加拉信皇家大学等高校签署协议。与韩国又松大学、成均馆大学、培材大学、仁川大学、建国大学、大田大学、教育大学等19所高校签署了合作协议。

四 沙湾拿吉大学

2005年7月召开的老挝第六届省代表大会决定在国家中心地区建成一所大学。2008年12月30日，文体部长授权成立"沙湾拿吉大学创建委员会"。2009年3月27日，老挝总理颁布091/PM号法令，成立沙湾拿吉大学（Savannakhet University）。①

老挝沙湾拿吉大学有着特殊地理位置，沙湾拿吉、甘蒙及波里坎塞三省贯穿东西经济走廊（EWEC）。这三省盛产粮食和经济作物，有丰富的鹿科动物等，水电资源、珍贵矿产资源丰富，贸易服务业发展潜能巨大。沙湾拿吉、甘蒙及波里坎塞三省接受过中等教育以上的学生人数达到10450人，占全国中等教育以上人数的21.73%，受教育比例较高。沙湾拿吉大学的设立，可以为大湄公河次区域（GMS）和东西经济走廊沿线的物流、基础设施服务提供人力资源保障。

沙湾拿吉大学通过教育提高人力资源和科学研究的质量，减少贫困人口数量，开展自然资源的可持续保护和利用，促进老挝灿烂民族文化的发展。未来，沙湾拿吉大学还将完成以下任务：执行三省社会经济计划，让农村和城市的人都有机会享受高等教育，逐步提升教育质量以接近国际领先水平，发展人力资源事业以推动民族拥有平等的利益。

（一）课程

沙湾拿吉大学开设高等文凭课程、大学本科及研究生课程。

---

① 参见老挝沙湾拿吉大学网站，https://www.sku.edu.la。

　　高等文凭课程需要学习 3—4 年，由工程学院、林学院以及农学院组织开设。拥有高等文凭的学生再修一个学期的过渡课程，可继续攻读学士学位。

　　本科需要学习 1 年的基础课程，其余 3—4 年在各学院进行专业学习。学校现有 38 个本科项目和两个硕士项目。①

　　（二）学院设置

　　沙湾拿吉大学下设社会科学学院、教育学院、文学院、经济与管理学院、法学-政治学院、环境科学学院、森林科学学院、体育学院、自然科学学院、建筑学院等学院。

　　（三）行政机构设置

　　沙湾拿吉大学下设学生管理办公室、本科教育办公室、国际交流办公室、组织人事管理办公室、计划财务办公室、宿舍管理办公室、科学研究与技术服务办公室、检验处等行政机构。

　　（四）教职工及学生数

　　截至 2022 年 1 月，沙湾拿吉大学有教职员工 385 人，其中 179 人为女性职工。博士 7 人，都为男性；理学硕士 40 人，其中 11 人为女性；学士 257 人，其中 124 人为女性；高中学历 20 人，其中 11 人为女性；中等学历 7 人，其中 6 人为女性；初等学历 3 人，其中 2 人为女性；实习人员 51 人，其中 25 人为女性。该校共有学生 3634 人，其中女学生 1970 人。

　　（五）专业设置

　　学校共有 66 个专业，学制 4 年，包括作物科学、动物科学、环境科学、林业资源、商务管理、物流管理、旅游和接待、管理学、金融和银行学、英语、数学等专业。

　　五　健康科学大学

　　健康科学大学（University of Health Sciences）创建于 2007 年 6 月，

---

　　①　OPEN-ing Laos Higer Education System to Internationalisation Strategies，https://www.open-laos.eu.

是老挝一所专门为健康医疗事业培养专业人才的大学。这所年轻的大学设有基础医学学院、医学院、药剂学院、牙科学院、护理学院、医学技术学院及研究生院。

健康科学大学是一所大型综合性医疗大学，集合了国家及地区医院，学生可以在这些地方实习，获得实操经验。

健康科学大学的目标是建立一所被国家认可的致力于培养未来老挝健康医疗事业人才的大学，学校与亚洲、欧洲及美国多所大学建立了友好合作关系，通过与全世界的大学不断开展交流和培训来提升学校综合实力。[1]

六　拉达那工商学院

拉达那工商学院（Rattana Institute of Businesss Administration）成立于 1974 年 3 月，经老挝教育体育部批准建立，位于首都万象市西萨呐县塔考村。成立之初主要开展短期培训，开设课程时间为 3 个月至 6 个月，最长为 1 年。1994 年才正式更名为拉达那工商学院。目前拉达那工商学院分两个校区，一个校区在首都万象，另一个校区位于乌多姆赛省勐赛县。[2]

（一）课程

学校开设本科及高等文凭课程。本科需要完成 1 年的基础课程学习，其余 3—4 年在各学院学习专业课程。高等文凭课程需要学习 3—4 年，只有工商学院开设高等文凭课程。

（二）学院设置

拉达那工商学院下设硕士工商学院、本科工商学院、专科工商学院、专升本学院等学院。

（三）行政机构设置

拉达那工商学院下设校长办公室、财务管理处、学术处、行政处、

---

① 参见老挝健康科学大学网站，http://www.uhs-elibrary.la。

② 参见老挝拉达那工商学院网站，https://www.rbac.edu.la。

学生事务处、建筑与设施管理处、对外交流处、科研处等行政机构。

（四）专业课程设置

拉达那工商学院本科专业开设金融学、市场营销、工商管理、英语等课程。专科专业开设金融学、工商管理、商务英语、市场营销、计算机等课程。专升本专业开设金融学、工商管理、商务英语等课程。

（五）教职员工及学生数量

截至 2022 年 1 月，拉达那工商学院共有教师 709 人，其中女性教师 380 人。本科学历教师占 60%，硕士研究生学历教师占 30%，博士研究生学历教师占 10%。

拉达那工商学院共有学生 1067 人，其中女性学生 603 人，占 56.5%；本科生有 544 人，占 51%。

七　老挝苏州大学

（一）学校概况

老挝苏州大学（Lao Soochow University）于 2009 年 1 月获得老挝国家计划与投资委员会颁发的"设立许可证"，2011 年 6 月，中国教育部正式下达了《教育部关于同意设立老挝苏州大学的批复》。2012 年 10 月 18 日，老挝苏州大学隆重举行首批本科新生开学典礼。老挝苏州大学是获得老中两国政府批准，中国在海外支持创建的第一所高等学府，开了中国高校赴国外办学之先河，校址位于老挝首都万象。老挝苏州大学作为一所综合性高等学府，承担着大学的教学、科研和社会服务三大职能。老挝苏州大学校园规划土地总面积 350 亩，将根据学生规模发展情况分期建设。第一期按照 600 名学生规模建设，建筑面积 6000 平方米。①

老挝苏州大学继 2012 年 7 月成功获得老挝教育体育部批准开办国际经济与贸易、国际金融两个本科专业之后，2013 年 8 月汉语言文学、计算机科学与技术两个本科专业获得老挝教育体育部的批准。

老挝苏州大学借鉴世界一流大学的办学标准和模式，充分利用国际

---

① 参见老挝苏州大学网站，http://www.laowo.suda.edu.cn/laowo/。

优质教育资源，举办全日制本科和研究生教育、各类高级培训，构建先进的课程教学与培养体系，全面实行学分制，其中本科教育学制 4 年，研究生教育学制 3 年。2012 年老挝苏州大学开始招生，首届开设国际经济与贸易、国际金融两个本科专业，同时开展汉语言培训。根据规划，经过 10—20 年建设，老挝苏州大学将发展成为一所开展本科生、研究生学历教育，在校生规模达 5000 余人，拥有汉语言及技能培训体系，开设与老挝经济、社会发展相适应的经济、管理、法律、语言、旅游、计算机、机械设备、轨道交通、电子通信、医学等专业，建有临床医院的国际一流大学。

老挝苏州大学旨在培养具有国际化视野，通晓老挝语、汉语、英语三种语言，专业知识扎实的精英领袖人才。同时，承担大学的科研和社会服务职能，促进老挝及中南半岛其他各国与中国的经济、文化和科技合作交流。老挝苏州大学为中国企业跨国投资提供一个全面深入了解老挝及东南亚地区经济社会发展情况的窗口和沟通的交流平台。

老挝苏州大学参照中国高校标准和模式进行建设，坚持"高起点、高标准、高质量"的建设标准，培养适应老挝经济社会发展需求的高素质人才，成为老挝甚至东盟地区一流的综合性大学。

（二）建校背景

2003 年，老挝获得了 2009 年第二十五届东盟运动会的主办权。为了办好此次运动会，经中老两国政府协商，中国政府决定帮助老挝建设主体育场及相关设施。

2006 年 11 月 19 日，在时任中国国家主席胡锦涛和老挝国家主席朱马里共同见证下，中国国家开发银行与老挝国家计划与投资委员会签署了中国帮助老挝建设第二十五届东盟运动会公园的框架协议。作为回报，老挝政府在万象周边安排 10 平方公里土地，由中国开发建设万象新城。

应中国国家开发银行邀请，苏州工业园区决定承担万象新城的开发建设任务，并提供融资支持。苏州工业园区从万象新城结构布局和综合发展考虑，邀请苏州大学加入，在万象新城建设一所高等学校。苏州大学以深入推进办学国际化以及建设"国内一流、国际知名"高水平大学为目标，积极响应苏州工业园区的邀请，决定走出国门，创办老挝苏州大学，成为中国高等教育走出去的先行者。

老挝苏州大学为老挝法人单位，实行董事会领导下的校长负责制，依照老挝法律法规独立经营、独立核算、自负盈亏。在人才培养上采取"1+3""2+2"等跨境培养方式，招收老挝学生，由老挝苏州大学和中国苏州大学共同培养。部分管理人员和师资在老挝国内招聘。老挝苏州大学和老挝各个高校、中学建立合作关系，实现资源共享。

（三）教育教学

老挝苏州大学现开展本科教育、汉语培训以及汉语水平考试。

1. 本科教育

经老挝教育体育部批准，老挝苏州大学目前开设了国际经济与贸易、国际金融、汉语言文学、计算机科学与技术等四个本科专业。

经老挝教育体育部同意，在老挝苏州大学校园建成前，老挝苏州大学采取"1+3"模式，与中国苏州大学联合培养本科生，即学生第一学年在老挝学习汉语言文学及老挝教育体育部规定的通识课程，从第二学年开始，到中国苏州大学学习汉语及专业课程。如学生在四年内完成中国苏州大学和老挝苏州大学规定的全部课程，成绩合格，可获得中国苏州大学和老挝苏州大学分别授予的毕业文凭。

2. 国际中文教育

老挝苏州大学自2012年起设立语言培训中心，面向老挝社会举办各个层次的国际中文培训班。老挝苏州大学还与老挝中资机构合作，为中资机构老方员工定制国际中文培训课程，提供上门培训服务。

老挝苏州大学于2012年获得中国国家汉办①批准，设立汉语水平考试（HSK）海外考点，成为继老挝国立大学孔子学院之后的老挝第二个 HSK 考点。

---

①　今中华人民共和国教育部中外语言交流合作中心（简称"语言合作中心"，英文名称 Center for Language Education and Cooperation，CLEC）。

（四）专业设置

老挝苏州大学将根据老挝经济社会发展需要，在现有四个专业的基础上，逐步开设语言、经济、管理、法律、旅游、计算机、机械设备、轨道交通、电子通信、医学等专业，培养老挝经济社会发展急需的人才。

老挝苏州大学建校初期以举办本科教育为主，并开展非学历汉语培训。今后将逐步发展硕士、博士研究生教育，并积极拓展职业教育及专业技能培训项目。

老挝苏州大学建设初期，以招收老挝学生为主。随着学校的发展，逐步招收老挝周边国家乃至整个东南亚国家的学生。老挝苏州大学还将为老挝的中资企业员工子女、当地华侨子女提供学习机会。希望在10—15年内达到在校生1000名的规模，最终达到5000名学生。

（五）师资队伍

老挝苏州大学办学初期，国际中文教师和专业课程教师全部由中国苏州大学选派，通识课程教学则从老挝国立大学等高校聘请高水平教师兼职。未来学校将采取招聘在中国留学的优秀回国人员以及选派老挝优秀人才到海外进修学习、提升学历等手段，逐步增加老挝本土教师数量，并通过全球招聘，最终实现师资队伍的本土化、国际化。

（六）发展前景

2013年，中国国家主席习近平提出了"一带一路"倡议。老挝是共建"一带一路"国家，中老两国山水相连、理念相通。当前，两国关系已进入推进命运共同体建设的新阶段。因此，"一带一路"倡议为老挝苏州大学建设和发展带来了新的契机，而老挝苏州大学也将为促进中老两国友好关系的发展作出贡献。

八　老挝—美国学院

老挝—美国学院（简称"老美学院"，The Lao-American College）是一所私立的非营利性质的多层次的教育机构。[①] 老挝—美国学院创立

[①]　参见老挝—美国学院网站，https://www.aedecol.com/lao-american-college.html。

初衷是在与公共和私人机构共同努力下，主要培养职业培训专门人才。学校的校训是"教育是美好未来的敲门砖"。老挝—美国学院致力于发展低成本教育，力求让更多的学生能够接受教育。学校的特色是帮助学生在当地完成学习，且拥有国际视野。所有的课程设计和学生活动都是为了培养学生在快速变化的世界经济形势下解决问题以及创造性思考能力。

在学生游学及社会组织实践课程中，设有实习监督教师项目。老挝—美国学院强调学习的社会维度，注重理论和实践并重，通过团队运动和社交活动，增强学生的团队理念。

老挝—美国学院不断创新课程设置，丰富现有课程，以满足学生的需求以及社会的人才需求。老挝—美国学院的不少学生都是兼职学生，学生可依据个人的时间安排，有选择性地参加学校早间或晚间课程。

老挝—美国学院已向许多组织和行业提供专业技能培训服务，已开展的项目包括：交通运输部邮政和建设部项目（MCTPC）、老挝—比利时合作项目（BTCL）、日本国际协力机构项目（JICA）、亚洲理工学院项目、科学技术与环境署项目（STEA）、美国和德国大使馆项目。

九　老挝—韩国学院

老挝—韩国学院（简称"老韩学院"，Lao-Korean College）是老挝和韩国共同建设的一所大学，位于老挝首都万象市西孔达波县坡沙挖嫩村，成立于 2012 年。该学院得到老挝和韩国两个国家的支持。①

（一）发展历程

2005 年，在老挝教育体育部注册。2006 年，获教育体育部批准。2006 年，开设英语系。2009 年，31 名学生毕业。2010 年，开设计算机与 IT 系和韩语系。

（二）课程

老挝—韩国学院开设专科、本科及高等文凭课程。专科、本科需学

---

① 参见老挝—韩国学院网站，https://www.facebook.com/LKCollege/。

习 1 年的基础课程，其余 3—4 年在各学院学习专业课程。高等文凭课程需要学习 3—4 年，只有工商学院开设高等文凭课程。

（三）院系设置

老挝—韩国学院开设有英文系、计算机科学系、韩语系、会计系、美学设计系、电力工程系等院系。

（四）教职员工及学生数

截至 2022 年 1 月，老挝—韩国学院共有教师 609 人，其中女性教职工 387 人。教师学历本科占 70%，硕士研究生占 25%，博士研究生占 5%。

老挝—韩国学院共有学生 2067 人，其中女性学生 1350 人。本科生占 35%，大专生占 65%。

（五）教育目标

培养为国家和人民服务的人才，培养专业技能，以积极响应社会对人才的需求。

（六）学校特色

1. 具有教学经验丰富的韩国、美国和老挝教师。

2. 学习环境整洁，配套设施齐全。

3. 重点放在实践教育上。

4. 有丰富的奖学金。

5. 与韩国大学有交流项目。

6. 可以赴韩国进行文化考察。

7. 有在韩国、老挝和其他东南亚国家就业的机会。

十　老挝—德国职业技术学院

老挝—德国职业技术学院（简称"老挝—德国学院"，Lao-German Technical College）是老挝人民民主共和国技术教育培训的典范和领先学院。[①] 这是一所由老挝教育体育部主办的职业培训学校。该校成立于

---

① 参见老挝—德国职业技术学院网站，https://www.rtp-laos.com。

1964 年，当时作为德国对老挝援助的一部分，现在仍是德国提供资助。

老挝—德国职业技术学院为老挝初中或高中毕业的学生提供不同的职业培训课程。资格等级从熟练工人到学士学位不等。老挝—德国职业技术学院为初中毕业生提供"9+2"和"9+3"培训课程，即 9 个学年的普通教育加上 2—3 个学年的职业培训。给高中毕业生提供"12+2"和"12+2+1"培训课程。一个学年分为两个学期，即冬季学期（9 月至翌年 3 月）和夏季学期（3—7 月）。

老挝—德国职业技术学院为完成初中或高中学业的学生提供不同的职业培训课程。学生可获得从熟练技工到学士学位等多种文凭。目前有超过 1300 名在校学生。

老挝—德国职业技术学院有 6 个系，分别是汽车系、机械系、电子系、焊接管道系、重型设备系以及农业机械系。每个系都有自己的工作坊，理论课程教学都在教学主楼完成。

老挝—德国职业技术学院的教学与德国独特的双元制培训体系密切相关，德国的目标是将越来越多的公司纳入培训课程，以提供以实践为导向的职业教育。德国的职业培训分为职业学校（理论课程）和公司（实践课程）两部分。与德国的制度相比，老挝—德国职业技术学院开启了一种新模式，即理论课程和实践教学在学院完成。公司使用学院的各种机器和培训设备来提供由于缺乏机器或人员而无法在自己的车间提供的培训课程。只要条件允许，公司尽可能在自己的车间提供公司内部培训。

由于良好的管理和设备，老挝—德国职业技术学院与许多跨国公司合作，例如丰田和福特公司、普诺安铁矿、久保田、恩德斯豪斯和南屯电力公司，以及德国 BHS 公司。老挝—德国职业技术学院被认为是老挝最好的职业技术学院，被称为"老挝职业培训的旗舰"。但老挝—德国职业技术学院学生的英语水平不高，除了少数学生注重学习英语外，大多数学生英语水平较差，因为英语科目在老挝从未得到重视。但是自从东盟经济共同体于 2015 年成立后，英语变得越来越重要，对能够用英语交流的老挝熟练工人的需求在很短的时间内飙升，但国内就业市场无法满足这一新需求。在东盟经济共同体内允许商品和劳动力的自由流动，因此能用英语交流的技术工人可以在泰国、马来西亚等国家找到更高薪水的工作，就业机会也会更好。

本节介绍了老挝的 6 所大学和 4 所与美国、韩国、德国及中国合作建立的院校。这 6 所综合性大学中，老挝国立大学学科门类相对齐全，综合实力较强，学生数量最多。外资学校既有综合性大学，也有职业技术类学校。这 10 所大学呈现以下几个特点。第一，学校的专业围绕老挝国家和地方经济建设需要开办。第二，学校重视对外交流工作，国际化程度较高。各个学校都有专门的国际交流部门，积极开展国际交流工作。例如，苏发努冯大学与越南、中国、韩国、日本等国多所高校建立了友好院校关系，积极开展教育交流与合作，并与国外高校签订合作协议。第三，教师和科研人员职称和学历不高。截至 2022 年 1 月，老挝最大的综合性大学约有 2.4 万名学生，共有教职工 1763 人，其中具有博士学位的仅 186 人，只有教授 1 人，副教授 79 人。排名第二的占巴塞大学共有教师 410 人，其中具有博士学位的教师只有 22 人，多数都是本科与硕士研究生学历教师。

从上述 10 所大学的简介中，我们发现，经过多年的发展，老挝高等教育发展也取得了突出成就。特别是在 2010 年，老挝政府出台了《2011—2015 年老挝第七个五年发展规划》，明确老挝国内几所高等院校的功能和定位，拟将老挝国立大学建设成为综合性示范大学，将占巴塞大学建设成为农业方面的示范大学，将苏发努冯大学建设成为土木及旅游方面的示范大学，将沙湾拿吉大学建设成为经济领域的示范大学。老挝高等院校逐步形成自己的学科特色，进而形成完整的教育教学体系。学科范围涵盖基础科学、自然科学与社会科学等诸多领域，已经初具现代学科分类雏形。比如，老挝国立大学是老挝国内综合实力和科研实力最强的大学，老挝政府要突出它在老挝高等教育发展中的方向性和示范性作用；老挝还建立了专门性的农业大学、医药大学、经济管理大学及职业院校，满足国内学生不同层次的学习需求，同时，各个高校保持自己的优势学科特色，成为各自领域内的示范性高校。各个高校积极探索有特色的课程发展体系、学生培养体系。

　　经过多年的发展，老挝的高等教育取得显著成效，如教育体制建立，教育立法调整，教育事业不断发展，学校面积扩大，科学研究日益增多。老挝已经建立起一整套由公立大学、私立院校、师范院校、职业院校等共同组成的高等教育体系，可授予学士、硕士及博士学位等相关的文凭。随着经济现代化和高科技的发展，老挝高等教育也面临专业设置不合理、教育体制不健全、教学质量不高等问题。如何解决这些问题，是老挝高等教育面临的现实问题。

第二章
老挝高等教育的对外开放

1975 年，在老挝人民民主共和国刚成立的时候，老挝人民革命党提出了全方位的外交政策，在对外交往中奉行独立、中立、友好和不结盟的政策。1986 年老挝人民革命党召开的"四大"提出要实施对外开放和广交朋友的外交政策，在平等互利的原则下改善同东盟和西方各国的关系。1996 年，老挝人民革命党"六大"报告指出老挝今后几年外交活动的目标是加快营造有利于"革新"事业的外部环境，扩大老挝的国际影响力，争取得到其他国家的广泛支持与援助。重视增进与各邻国的关系，扩大与各邻国的合作关系，积极准备，争取早日成为东盟成员。1997 年，老挝正式加入东盟，成为东盟的第八个成员国。2001 年和 2006 年分别召开的老挝人民革命党的"七大"和"八大"，总结和肯定了老挝实施革新开放以来在外交工作上取得的成就，并不断完善外交政策。2011 年老挝人民革命党"九大"，提出在今后老挝将继续奉行"五多"的多元化务实政策，即多样化、多方位、多边、多层次和多形式，继续把开展务实外交作为老挝外交工作的指导方针。2016 年老挝人民革命党"十大"提出"自始至终坚持和平、独立、友好和合作的外交路线，主动与地区和国际相连通，积极为东盟共同体做贡献"的方针，主动联通，扩大交往。①

老挝是东盟十国之一，是中国—中南半岛经济走廊沿线的起点国家，也是该区域首个与中国政府签订"一带一路"合作文件的国家。老挝近年来一直在为脱离世界最不发达国家名单而努力，高度重视发挥

---

① 方芸、马树洪：《列国志·老挝》，社会科学文献出版社，2018。

教育特别是高等教育的引领作用。老挝政府基于国际、区域和国内的发展需要，通过教育对外开放和多边合作，争取国际组织及中国、美国、日本、澳大利亚、越南等国的支持。老挝政府希望不断开展与世界各国高等院校间的合作，特别是与东南亚教育部长组织和东盟国家之间的合作，促进老挝高等教育发展。

第一节　老挝高等教育对外开放的发展历程

老挝高等教育对外开放，作为国家对外开放的重要组成部分，在不同时期因内外部主导力量的不同而呈现不同的阶段性特征。本节将对老挝解放前（1975 年以前）、探索发展阶段（1975—1986 年）及新时代教育改革发展阶段（1986 年至今）高等教育的对外开放进行研究。

一　解放前高等教育对外开放发展阶段（1975 年以前）

1. 封建统治时期的教育对外开放

1893 年前，老挝中古历史可分为古国时期、澜沧王国时期和三国分立时期。这个阶段老挝实行分封制，土地被封建领主或寺庙把持，村社成员（农奴）承担地租形式的赋税。国内除佛寺教育外，没有为民众提供的教育体系。针对统治阶级，国家提供留学经费，派上层社会精英子女到西方国家留学。

2. 法国殖民时期、日法共占时期的教育对外开放

1893 年，法国与暹罗签订《法暹条约》，作为暹罗属国的老挝同时沦为法国殖民地。1940 年，日法签订《关于日军进驻印度支那的协定》，老挝人民在 1940—1945 年受到法国、日本两国同时殖民统治。在法国殖民时期，老挝没有治理自主权。法国根据殖民需要制定政策，政治上采取"以老制老""分而治之"，以及直接与间接相结合的殖民统治政策，在思想文化上推行同化政策，对老挝实行去老挝语化教学，推广法语教学和法语授课，照搬法国教材模式，将法语定为唯一合法公文

用语。1902 年，法国在老挝设立学校，但是学校规模小，发展速度缓慢。这一时期，老挝没有建立任何一所高等院校，高中入学率不足 2%。该时期，只有老挝精英阶层有机会出国留学，1916—1920 年，国王西萨旺冯将长子西萨旺瓦达纳送往越南河内留学，后将其送往法国巴黎学习。西萨旺瓦达纳于 1925 年从法国巴黎政治学院毕业，获法学学士学位。副国王汶孔亲王之子、老挝人民民主共和国前主席苏发努冯 20 世纪 30 年代先在越南河内沙罗中学留学，1934 年进入法国国立公路桥梁大学民用工程系学习，并获得公路桥梁工程师证书，成为老挝早期为数不多的工程师之一。①

3. 联合政府时期的教育对外开放

1954 年，《日内瓦协议》签订后，法国殖民者撤出老挝。之后，老挝国内形成由美国支持的王国政府和由老挝人民革命党主导的爱国阵线两大控制区。王国政府和爱国阵线经过多次谈判，最终达成协议，1973 年 2 月 21 日，双方在万象签署了《关于在老挝恢复和平和实现民族和睦的协定》，建立联合政府，实现国家统一。1974 年 4 月，成立了以梭发那·富马为首相、富米·冯维希和仑·英锡迈为副首相的第三次联合政府和以苏发努冯为主席的民族政治联合委员会。在这个时期，没有成文的教育对外开放政策，政府开始着手恢复国家的发展建设，重新开始重视教育，高等教育政策也随之出炉。1958 年，老挝创办了皇家法律和管理学院，但规模很小，第一学年只有 8 名学生。1964 年，老挝合并几所地方教育学校组建了万象国立教育学院，承担全国教育师资培训工作。这是老挝历史上第一所真正意义上的高等院校，标志着老挝高等教育的开端，同时也标志着高等教育政策的出现。在这一时期，老挝教育开放政策呈现"两头倒"的特点，一边倒向社会主义的苏联、中国和越南，一边倒向美国、泰国。老挝爱国阵线派出了大批干部学生到苏联、越南和中国留学，到苏联留学人数最多，因此老挝政府很多老一辈的干部都懂俄语。这一时期，中国在老挝北部有一定影响力，当时中国

───────────────

① 郑国材：《老挝的"红色亲王"苏发努冯》，《当代世界》1995 年第 3 期。

驻老挝大使馆就设立在老挝北部与中国接壤的丰沙里省。当地华人华侨开办有华文学校，老挝学生通过一定学习积累之后，可到中国继续深造学习。现如今的老挝大家族奔舍那家族后代就在北京和习近平主席是儿时的校友，同中国革命后代建立了深厚友谊。[①] 1959 年以后，美国向老挝派驻大批顾问和专家，不仅在老挝修建机场等军事设施，而且也帮助老挝王国政府扩充军队，建立军官学校、警察学校、别动队学校等。除此之外，老泰间教育交流还包括泰国每年派 5 名教师到老挝任教，每年接收 300 名老挝学生到泰国留学。总的来说，老挝这一时期的教育对外开放存在"两边倒"的情况，具有以军事教育交流为主导、以军事合作为主的特点。

二　高等教育对外开放探索发展阶段（1975—1986 年）

1975 年，老挝人民民主共和国成立，老挝赢得了真正意义上的独立，建立了人民民主共和制，人民实现了当家作主的愿望。自此，老挝进入了新的发展阶段，可以自主发展教育，人民受教育权利有了保障，高等教育迎来发展春天。但是由于长年受战争影响和受殖民主义压迫，老挝教育严重滞后。老挝人民民主共和国成立之后，百废待兴，需要大力发展教育，提高国内高等教育的水平。为改变老挝高等教育落后状况，老挝政府积极促进高等教育对外开放，将高等教育对外开放列入老挝高等教育发展目标。

此时，老挝的高等教育政策定位为迅速壮大国内高校力量，创办多所高等教育机构，实现量的增加，扩大高校学生规模。1982 年 4 月老挝人民革命党"三大"报告指出，加强老、越、柬三国特殊关系和全面合作，加强同苏联和社会主义大家庭各国的团结与全面合作。这一时期，老挝高等教育对外开放政策主要倾向于越南和苏联。到 1986 年，老挝建立了 6 所公立高等教育机构。其中，部分院校提供正规高等教

---

① 刘乐：《习近平会见老挝奔舍那家族友人》，央广网百家号，2017 年 11 月 14 日，https://baijiahao.baidu.com/s? id=1584017364090036724&wfr=spider&for=pc。

育，可授予学士学位，但多数院校只能提供证书课程，如万象国立教育学院、高等医学院、林学院、财政学院，以及 1984 年成立的技术学院。在教育对外开放方面，老挝政府着力引入资金，寻求国际组织帮助，通过政治外交关系和经贸协议，获得外部援助。1976—1986 年，苏联帮助老挝培养专业干部 8000 多人，7000 多人被送往苏联学习，4000 多人学成回国，40 多人获得硕士、博士学位。此外，双方签订"科技和经济合作""提供建材和专家""文化友好合作"等一系列协议或议定书，继续提供奖学金，帮助老挝培养人才。1981 年，苏联在万象援建一所可容纳 600 人的综合中级技术学校，派出专家在医科大学、东都师范大学等学校任教。大量亲苏、亲越学生获得赴苏联和越南留学深造的机会，并在回国后进入党、政、军等领域重要岗位。总的来讲，这个阶段的老挝高等教育规模实现了量的增加。在鼓励留学的政策下，越来越多的老挝学生出国留学，同时也开始有少量的越南和苏联学生到老挝交流学习，实现了高等教育领域的留学生互派，拉开了老挝高等教育国际化的序幕。

三 新时代教育改革发展阶段（1986 年至今）

1981—1985 年老挝第一个五年计划后，GDP 年均增长率仅为 5.5%[1]（并未达到计划的 7.5%—8.5%），行政机构臃肿，社会前进步伐停滞，人民对政府的不满情绪越发高涨，倒逼老挝人民革命党开始调整政策。1986 年 11 月，老挝人民革命党召开了第四次全国代表大会，提出了革新开放路线。老挝人民革命党"四大"报告是历次全国代表大会报告中外交政策部分占篇幅最大的一次，表明老挝全面启动革新开放事业。报告指出老挝将继续在互相尊重独立、主权和平等互利的基础上同世界上一切社会政治制度不同的国家发展关系。[2] 革新开放政策改

① 《老挝经济持续发展》，中华人民共和国商务部网站，2020 年 11 月 11 日，ht-tp://m.mofcom.gov.cn/article/i/jyjl/j/202011/20201103014968.shtml。
② 参见老挝人民革命党第四次全国代表大会决议报告（老挝文版本）。

变了老挝长期以来对外封闭的情况，老挝开始向世界开放，通过开放，老挝进入了经济高速发展时期。1991 年 3 月老挝人民革命党召开了第五次全国代表大会，会议全面总结了过去 5 年老挝人民革命党的工作，提出了今后一个时期的国家发展战略。会议确立了"有原则的全面革新路线"，提出坚持党的领导和社会主义方向等 6 项基本原则，同时实行对外开放政策——"不分政治制度和意识形态，与各国进行广泛合作"，教育对外开放作为题中之义也拉开了序幕。2006 年老挝人民革命党"八大"强调继续坚持"多方位与多种形式的"外交，保持同越南的"特殊关系"，加强与中国全面合作，加强与东盟国家睦邻友好，积极争取国际经济和技术援助。① 1995 年，老挝颁布第 64 号法令，明确规定民办高校可以从国际组织获得援助，为老挝民办高等教育国际化进一步发展提供了法律依据。并且，老挝根据高等教育实际情况进行了政策调整，顺应了老挝高等教育对外开放合作需求。同年，老挝为了同国际接轨，对老挝高等教育进行改革，组建老挝国立大学。1995 年，老挝国立大学正式成立，成为老挝国内第一所真正意义上的综合性大学，并代表老挝高等教育参与教育国际合作。2000 年，老挝颁布《教育法》；2007 年修订的《教育法》对老挝高等教育进行了界定，涉及了部分高等教育对外开放的内容，例如，老挝国内高等教育机构可以从国内外获得个人或组织的援助。2001 年，老挝颁布《高等教育法令》，从立法角度为高等教育的发展和对外开放提供了法律依据。《高等教育法令》进一步明确了国际组织和机构可以对老挝高等教育进行援助或开设教育机构，享受和老挝高等教育机构同等的法律地位。2000 年，老挝教育体育部制定《2010—2020 年教育远景目标》，将教育与经济发展、地区发展联系起来，并提出开展国际教育合作，在老挝教育系统中引入国际标准，使各类教育系统化。老挝《国家教育发展计划（2021—2025 年）》提出，未来老挝教育将围绕六个方面推动教育改革：扩大学生规模、促进公平包容、提高教育质量、加强师资建设、优化课程资源、提升

---

① 参见老挝人民革命党第八次全国代表大会决议报告（老挝文版本）。

治理能力。

老挝为适应经济体制转型，1987年重新制定了教育目标。在1990—2000年的10年间，老挝的高等教育发展速度较快。老挝在高等教育的发展过程中，一直注重通过国际合作争取国际资助，成功地与许多国家和国际组织合作实施了多个资助项目。1995年老挝开始高等教育改革，鼓励高校开展国际交流与合作。老挝政府基于国际、区域和国内需要，高度重视高等教育的双边和多边合作。目前老挝大学已经与澳大利亚、美国、马来西亚、泰国、中国等国家的高校建立起了联系。同时，老挝教育体育部还在进行高等教育学历和学位认可的改革评估，希望在学历、学位证书认可方面与国际上取得一致，不断开展与世界各国高等院校间的合作，特别是与东南亚教育部长组织和东盟国家之间的高等教育机构合作。

第二节　老挝高等教育对外开放的措施

老挝人民历史上与殖民者进行了长期的艰苦斗争，取得了斗争的胜利，实现国家独立自主。建国之初，社会生产力低下，经济增长十分缓慢，财政方面十分依赖国外援助或者高额贷款，基础设施建设也依赖国外技术和资金。为了改变现状，老挝政府逐渐意识到教育发展乃至高等教育发展的重要性，认识到只有发展教育，才能够根本改变老挝现状，因此出台法律政策支持教育发展和确立教育的重要地位，并且对教育发展作出了详细的规划和部署。同时，老挝政府采取一系列措施，尤其是扩大对外交流，借助国外力量来发展本国教育，改变教育落后现状。

一　从国家层面出台文件确保教育对外开放的有序发展

1986年老挝人民革命党第四次全国代表大会明确提出在外交上要实行对外开放、广交朋友的政策。老挝人民革命党第四次全国代表大会报告指出，老挝将尽自己的最大努力，准备同东盟国家和本地区其他国家进行合作。2000 年，老挝颁布了《教育法》并于 2007 年进行修订，该法是第一部完整的教育法律，确立了教育在国家发展中的重要地位。在这部法律中，在国际合作方面，国家支持老挝学生去其他国家进行交流学习。仅 2009 年，老挝便派遣留学生 1569 人到 27 个国家进行交流学习，并且呈逐年增长态势。老挝大学先后与 13 个国家的 140 所大学和机构开展了合作项目，建立并完善了国际学位的认证制度。①

2006 年，老挝人民革命党第八次全国代表大会召开，提出要将教育事业的可持续发展作为国家各项事业的核心任务，提高国家整体的教学质量，不断向国际化标准靠近，不断加强教育的各项政策改革，建设符合本国特色的教育模式。这个阶段，老挝政府也拟定了《老挝人民民主共和国教育改革战略规划（2006—2015 年）》，强调教育改革要以社会主义为导向，培养更多的专业技术人才；实行全面教学发展模式，以达到德智体全面协同发展目标；教育要重视质量；支持社会更多部门共同参与发展教育事业。为了实现这些政策目标，老挝政府提出了系统性的四项规划和七项具体措施。七项具体措施中的第一条就是整合现有的教学学科资源，逐步向世界标准和国际水平看齐。在调整高校管理规划方面，高等教育管理制度的调整是为高校的健康发展创造环境条件，教育体育部的下属部门均制定部门工作法令指导日常工作。教育体育部也积极与国外建立合作项目，赋予每个大学与国外的大学或组织建立合作的权利。《老挝人民民主共和国教育改革战略规划（2006—2015 年）》提出，鼓励与国外、国际组织机构开展教育方面的合作，争取国外力量援助老挝教育。

21 世纪以来，随着全球化的发展，国际范围内的人才自由流动对老挝高等教育提出新的挑战，要求老挝高等教育也实现国际化。这对老挝高等教育的发展提出了新的要求，促进了老挝高等教育相关政策的出台，老挝出台了很多关于高等教育政策调整的法律法规，如 2000 年的

---

① 张成霞、洛瓦西亚姆：《老挝高等教育政策变迁分析》，《世界教育信息》2019年第 18 期。

《教育法》、2001 年的《高等教育法令》、2002 年的《2003—2015 年全民教育工作规划》、2005 年的《老挝人民民主共和国教育改革战略规划（2006—2015 年）》、2008 年的《2009—2015 年老挝教育部门发展框架》等，使老挝教育领域的各个方面发生明显变化，教育体系全面改善、师生待遇提升、入学率增加、教育越来越走向国际化，加强国际学术交流和学生交换逐渐成为老挝高等教育政策的一部分。

二　重视对外交流合作

随着世界经济一体化的发展，各国间的合作越来越多，老挝凭借优越的地理环境、丰富的自然资源和对外开放政策吸引越来越多的外国投资者来老挝进行投资，外商投资刺激了老挝国内经济的发展，经济的发展为老挝提供了更多的就业机会，也促进老挝高等教育的进一步发展和改革。如中国—东盟自由贸易区、GMS 经济走廊等的建立也为各国合作提供了必要的条件，使老挝与别的国家和地区之间的合作越来越多。这一方面对老挝发展高等教育起到一种催化剂的作用，促使老挝对落后的教育体制进行改革，大力发展和改革高等教育，使之适应国际化的需要，另一方面也对老挝的教育提出了更高的要求。

为了提高本国的高等教育水平，促进高等教育的发展，老挝政府非常重视与国际组织的合作。由于老挝的教育还相对比较落后，联合国和世界其他组织对老挝提供了很多方面的援助，如直接派遣人员对老挝的教育人员进行直接的培训、提供资金援助等。为了与国际接轨，老挝很重视人才和世界其他国家的交流，先后派出两万余名学生以留学生或交换生的形式到俄罗斯、越南、匈牙利、中国等国家进行学习和学术交流。此外，老挝大学也很重视与世界其他国家的大学、培训机构和组织的合作，目前，老挝大学通过培训、讲座、学生交换、交流探讨、共同研究等形式和世界多所大学展开合作。老挝国立大学作为多语种综合大学联盟委员会成员，也在国际社会中担当着越来越大的责任，与越南、中国、日本、法国、德国等国 80 多所大学展开合作，加大师生赴国外学习交流的力度。基于老挝高等院校不同学位教师派遣结构不合理，博士很少、学士最多，高职称教师比例不足，师资素质偏低的现状，老挝派遣大量教师赴海外院校攻读学位和开展进修访学，优化教师学历结构，从而提高教师的教学与科研水平。根据老挝教育体育部颁布的大学师资水平规划，到 2020 年，完成高等院校师资的"1+6+3"建设目标，即高等院校教师具有博士学位的要占到高校教师总量的 10%（目前约为 4%），硕士学位的要达到 60%（目前约为 15%），学士学位的教师要减少到 30%（目前约为 81%）。为了完成这些目标，老挝政府还大力鼓励教师公派出国留学或培训。事实上，到了 2020 年底，老挝教育体育部并没有完成这个目标。

此外，老挝政府较为重视选拔派遣留学生攻读相关专业学位和学习语言，老挝派遣留学生主要去往越南、中国、泰国等数十个国家，上述国家大多也和老挝签订相关学位互认的合作协议，以此来促进学生相互交流。其中，老挝政府与中国政府在国际留学生交流方面取得了很大进展。2002 年，中国和老挝两国签订了《2002—2005 年教育合作计划》，2005 年又签订《2005—2010 年教育合作计划》，这些合作计划内容中提到中方每年给老方提供 230 个全额奖学金的名额；2011 年，中国和老挝又签订了《2011—2016 年教育合作计划》，中方提供的全额奖学金名额增加到 300 个。中方提供的有利政策使得派遣中国的老挝留学生数量持续增多。据统计，2015—2016 学年，中国的老挝留学生已经突破了4000 人。老挝各个大学也充分利用自己的优势，与国外大学开展合作，推动国际交流合作。

目前，老挝已与中国、马来西亚、泰国、美国、澳大利亚等国家的大学或机构建立了学术合作关系，高等教育国际交流成果显著。仅中国就有几十所院校与老挝建立学术联系，其中以老挝苏州大学最为典型。老挝苏州大学是中国的第一所境外大学，也是老挝的第一所外资大学，这是老挝教育国际化的新尝试，也是老挝大学国际化发展的新起点。随着大湄公河次区域合作机制的建立，区域内国家的教育交流正逐步加强，这也增强了老挝高等教育开放性，促进了其教育、政治、经济与文化等各方面发展，实现了国家与国家之间的合作共赢。

三 注重学习借鉴国外教育先进经验

老挝曾经是法国的殖民地，法国对老挝的文化影响可以说是非常大的，老挝的高等教育政策也明显烙上法国文化的痕迹，比如高等教育的学位标准、职称标准、高等教育学制、培养方案等内容基本都是参照学习法国高等教育的经验。

老挝高等教育改革一项很大的成就是，在一些国际组织的帮助下，借鉴学习国外的办学模式，建立了老挝第一所真正的综合性大学——老挝国立大学。1975 年，老挝人民民主共和国成立初期，老挝借鉴苏联和越南的教育模式，强调教育的思想政治性，并且现在的政策文本中还可以看到这种影响的延续，即在各级学校中强调学生的社会主义思想政治教育。

为了促进教职员和学生的国际交流，老挝加强和一些国际教育机构间的联系，老挝国家教育改革战略规划中便提出解决老挝高等教育办学资金缺乏的问题，鼓励与国际组织和机构合作，争取一切国际资源援助。老挝《教育法》第一章第八条中提出："促进本国高校与国外及其组织机构的合作与联系，以便争取资金建设教学楼，提高行政人员的学历层次，交流专业建设、教学研究、行政管理、教育管理等方面的经验，彼此了解双方的课程设置、文凭、教师资格证、学业证等。"

20 世纪 50 年代，老挝从越南间接学习中国的教育经验，到 20 世纪 80 年代后期，老挝逐步向中国公派留学生，开始直接向中国学习教育发展经验，此后高等教育改革效果更加突出。1995 年，老挝已成立了 37 所高等院校。随着高等院校教师数量的增加，尤其是有硕士、博士研究生学历，有一定职称的教师数量增加，老挝多所高校能够提供本科甚至研究生课程，很多高校能够提供证书课程。在这 70 多年的发展中，老挝通过学习借鉴国外高校的办学经验，不断提升自身综合素质和能力水平，奠定了老挝高等教育的基础。

四 鼓励国际私立高等教育院校的发展

老挝最早的民办教育兴起于 20 世纪 20 年代，到老挝人民民主共和国成立后因政策原因中断发展一段时间。20 世纪 90 年代后，民办教育再度复兴。尤其是老挝在 20 世纪 80 年代实行革新开放政策以来，经济逐渐发展，教育事业也取得较大的发展，教育资源也逐渐丰富起来。但由于老挝地区发展差异大，政府的教育投资有限，特别是 1986 年老挝实施革新开放后，老挝社会对人才需求增长迅速，使得经济社会发展对人才的需求与教育人才供给的矛盾日益突出，而民办教育的兴起则缓解了政府教育经费不足的困境，一定程度上弥补了老挝公办教育学位供给的不足，同时还能为老挝社会提供更丰富和更多元化的教育产品，满足不同层次人民对教育的需求。在政府鼓励下，老挝民办教育取得较大的发展。

在政策上，老挝政府已出台多项民办教育相关政策及法规，推动民办教育有序发展，为社会培养更多人才。1990 年 9 月，老挝总理签署名为《允许开办民办学校》第 58 号国务院令，揭开了老挝民办教育再起步的序幕。1995 年 8 月 14 日，老挝总理又签署了关于民办教育的第 64 号国务院令，为老挝民办教育发展提供了法律保障，并明确各级教育部门对民办教育的责任。1991 年，民办教育内容第一次出现在老挝党代会报告中，时任老挝人民革命党中央委员会总书记的凯山·丰威汉提出"要有重点地发展民办教育，以适应老挝社会经济的发展需要"。[1] 2006 年老挝人民革命党第八次全国代表大会提出要在 2020 年底摆脱欠发达国家行列，为工业化和现代化奠定基础。为此，教育体育部决定开启教育改革，改革方案中明确提出要促进私人资本投资老挝教育行业。[2] 2010 年，老挝教育体育部要求民办教育发展要跟随国家教育体系改革的脚步，政府要在基础设施、师资、教学监管、课程设置等方面

---

[1] 黄玲：《老挝教育政策分析》，《中国校外教育》2014 年第 7 期。

[2] 参见老挝教育体育部官网。

给予民办教育一定的支持 。①

在法律保障方面，1995 年，根据先前办学经验，结合老挝国情需要，老挝国务院颁布第 50 号法令、第 64 号法令，明确规定了私立高校的法律地位和行为准则，鼓励老挝私立高等教育事业的同步发展。2007年修订的《教育法》、2019 年出台的《职业教育法》和 2020 年颁布的《高等教育法》都提及要注重利用私人资本发展教育，鼓励私人资本投资建设民办学校。老挝《投资促进法》《海关法》《税务法》等法律法规中都规定对投资教育行业的投资者给予税收、特许等优惠措施，鼓励投资者积极投资，促进老挝教育事业发展。

老挝民办教育在过去几十年中取得了良好的发展，并为老挝公办教育分流和社会人才培养作出了积极的贡献。老挝私立高等教育是老挝高等教育中的重要组成部分。这种不靠政府投入的方式可以减轻政府的财政负担，通过社会力量来办学，增加老挝高等教育学生的数量，但私人办学机构投入不足，导致学校办学保障不足，可能会引发一定的社会问题。例如，老挝私立高等教育面临缺乏师资、教师收入不稳定、缺乏专业的教育管理经验等问题，有的学校以营利为目的，导致学校内部管理混乱，影响学校的教学正常运转。部分学校教育质量达不到要求，民办学校毕业生质量难以满足社会经济发展需要等。②

老挝通过教育对外开放，吸引国际资金投入老挝民办教育领域，包含老挝民办高等教育，助力老挝高等教育的发展。1986 年，老挝实行革新开放政策，教育对外开放进一步扩大，允许国外资本到老挝投资高等教育，并对此类国际背景的高校实行免税政策。在这样的政策鼓励下，源源不断的国际资本进入老挝高等教育领域，先后兴办了老挝—德国学院、老挝—美国学院、老挝—韩国学院、老挝苏州大学等私立高等教育机构，高等教育机构的数量有所增加，招生人数也不断上升。老挝

---

① 参见老挝教育体育部民办教育促进办公室官网。

② 欧阳诚、陆蕴联：《老挝民办教育发展问题及对策探析》，《亚非研究》2023 年第 2 期。

政府的教育对外开放政策，加快了国际教育资本的流入，为老挝高等教育规模的扩大提供了资金保障，改变了老挝的高等教育格局，老挝高等教育有了量的提升和质的变化。

老挝通过国家层面出台文件强化国际教育交流合作、注重学习借鉴国外教育先进经验及鼓励国际私立高等教育院校的发展等一系列教育对外开放的措施，确保了老挝教育对外开放的有序发展，加强与世界各国开展高等教育合作，引入世界各国的文化教育资源、教育理念、科学技术等，大大丰富了老挝的高等教育办学形式和内容，规范了老挝高等教育的办学模式，增强了老挝高等教育的师资力量，提升了其高等教育的办学水平。同时，民办教育作为公办教育的补充，提供了一定数量的各层次学历教育资源，对推动全民教育发挥了重要作用。

第三节　老挝高等教育对外开放的途径与方式

老挝教育发展较为缓慢，但是在整个国家对外开放过程中，老挝教育尤其是高等教育的开放程度相对较高。老挝人民革命党和政府认为教育是社会发展的目标，是社会经济持续发展的动力，是提升国民素质和维护国家形象的重要因素，因此，通过宏观调控、政策引领、经济支持及提升服务水平等方式来加大教育对外开放，加大对教育对外开放政策的倾斜力度。老挝政府基于本国国情，充分借鉴国外办学经验，积极鼓励本土高校与国外高校合作办学，开展多种形式的合作办学项目。老挝教育体育部以多种形式同多个国家或者地区的教育部门实现了学位、学历和文凭互认。但总体来说，老挝高等教育国际化程度在东南亚各国中依然处于偏低的水平，老挝政府根据本国高等教育需要，积极争取国际社会的援助和贷款，重点开展与部分国家的教育交流合作，如中国、日本及越南等，积极争取日本、韩国、澳大利亚以及欧盟主要国家如德国、法国的教育援助，改善同美国的关系，争取美国资金支持，以促进老挝高等教育发展。

一　积极争取国际组织教育援助

老挝把外交争取国际援助、服务国家经济建设定位为基本国策之一，积极开展多元外交，争取为老挝的高等教育发展带来持续的外援资金。老挝积极鼓励并配合国际组织在老挝开展各项活动，通过"微笑服务"① 获得了来自世界银行、亚洲开发银行、国际红十字会、联合国教科文组织、国际货币基金组织、石油输出国组织、日本国际合作银行、NDF 基金等国际机构的高等教育经费支持，其中就有亚洲开发银行资助的高等教育强化项目。老挝非常重视与国际组织合作，特别是与联合国教科文组织的合作。1982 年，联合国计划开发署、联合国教科文组织、联合国儿童基金会先后与老挝签署了合作协议。在外交上，老挝奉行多元务实外交，努力争取国际援助，将部分援助用于促进高等教育事业发展。

经合组织债权国报告系统（Credit Reporting System）的教育援助数据显示，老挝在 2012—2021 年约接受教育援助 8.631 亿美元。② 主要以赠款、贷款和信托基金的形式为教育发展提供财政资源，并以设备、技术和人道主义援助的形式提供其他支持。援助资金主要用于教育投资、教学材料、课程开发、政策制定、物资采购及财务管理等。③

2012—2021 年，国际组织及各国对老挝的教育援助项目约为 220 个，项目内容多样，形式各异，包括提供奖学金、补助学费、购买教科书和学习用品、改善学校设施等（见表 2-1）。

从表 2-1 可以看出，2012—2021 年老挝接受的主要教育援助项目

---

① "微笑服务"指政府通过热情温馨的服务，展示老挝社会和公民有礼貌的基本素质，微笑待人，给国内国际友人留下美好印象。
② UNESCO, Credit Reporting System, https://stats. oecd. org/Index. aspx? DataSet-Code = crs1.
③ Asian Development Bank, Secondary Education Sector Development Program Development Coordination, https://www. adb. org/sites/default/files/linked - documents/40368-022-lao-dc. pdf.

总金额为 41401 万美元，其中初等教育援助 16810 万美元，中等教育援助 14490 万美元，高等教育援助 10101 万美元。初等教育获得援助最多，主要用于基础教育质量和教育普及等项目。中等教育援助用于旅游人才提升、职业技术教育培训、职业教育师资培训等项目。高等教育援助用于改善基础设施建设、发放奖学金和加强研究等项目。援助来源既有银行如世界银行、亚洲开发银行、德国复兴信贷银行等，也有区域组织如欧盟，还有世界粮食计划署、联合国儿童基金会等。

表 2-1　2012—2021 年老挝接受的主要教育援助项目

单位：万美元

援助机构/国家	项目周期	项目名称	项目资金
初等教育			
世界银行/澳大利亚国际开发署/世界粮食计划署	2010—2013 年	第二期教育发展项目额外资助联合催化基金全民教育快速通道倡议计划	6550
世界银行/全球伙伴关系	2015—2019 年	全球教育伙伴关系 Ⅱ	1680
澳大利亚国际开发署/联合国儿童基金会/世界粮食计划署/美国国际开发署	2015—2025 年	老挝基础教育质量和普及计划	8580
中等教育			
卢森堡/瑞典	2008—2016 年	加强酒店和旅游产业人力资源开发项目	710
亚洲开发银行	2011—2015 年	加强职业技术教育培训项目	2300
	2011—2018 年	中等教育部门发展项目	4000
德国国际合作机构	2012—2016 年	职业教育教师教育项目	340
	2014—2017 年	老挝区域经济一体化项目	1360
	2014—2018 年	老挝职业教育项目	1250
德国复兴信贷银行	2016—2018 年	职业教育发展研究所和选定学院提升项目	500
卢森堡/瑞典	2016—2020 年	旅游行业技能项目	1530
亚洲开发银行	2016—2023 年	第二期加强职业技术教育培训项目	2500
高等教育			
亚洲开发银行	2009—2017 年	加强高等教育项目一期项目	2480
澳大利亚国际开发署	2012—2021 年	老澳研究所（澳大利亚奖学金项目）	3000

续表

援助机构/国家	项目周期	项目名称	项目资金
高等教育			
欧盟	2014—2020 年	欧盟对东盟地区高等教育奖学金项目	474
亚洲开发银行	2016—2023 年	加强高等教育项目二期项目	2347
日本国际合作署	2020—2026 年	8 所师范院校基础设施改善项目	1800

资料来源：转引自王建梁、李欢《老挝教育受援有效性的实践检视与提升路径》，《比较教育学报》2024 年第 2 期。

通过图 2-1 可以看出，欧盟对老挝政府开展了最大规模的教育援助，占比高达 35%；其次是世界银行，占比 24%；日本排第三，占比 16%；联合国儿童基金会占比 13%；其他国家和机构占比 12%。

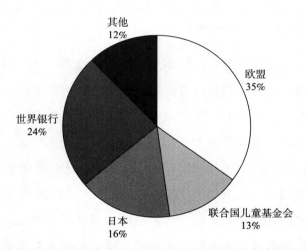

图 2-1　2012—2021 年国际组织及有关国家对老挝教育援助比例

资料来源：International Aid Transparency Initiative, Lao People's Democratic Republic—Education, https://d - portal. org/ctrack. html? country _ code = LA&sector _ group = 111 &year _ min = 2011&year _ max = 2022#view = main。

通过图 2-2 可以看出，亚洲开发银行对老挝高等教育的援助比例高达 62%；其次是新西兰，占比 28%，是援助比例最高的国家；日本排第三，占比 4%；澳大利亚占比 2%；其他国家和机构占比 4%。

二　利用东盟成员国的身份，争取东盟的教育资源

随着老挝革新开放的推进，与东盟的沟通不断增加，老挝逐渐认识

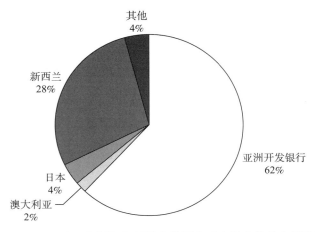

图2-2 2012—2021年国际组织及有关国家对老挝高等教育援助比例

资料来源：International Aid Transparency Initiative，Lao People's Democratic Republic—Education，https：∥d－portal. org/ctrack. html？country＿code＝LA&sector＿group＝111&year＿min＝2011&year＿max＝2022#view＝main。

到地区经济一体化的重要性，特别是成为地区组织一员后能为本国发展提供有力保障。尤其是老挝自古以来就是农业大国，工业基础薄弱，发展离不开有利的国际环境。加入东盟，开展区域经济合作，充分利用东盟成员国的丰富资源和先进技术，对老挝发展的作用巨大。特别是老挝看到1995年越南加入东盟后经济快速发展，老挝也希望借鉴越南入盟的经验加入东盟，为全面发展打开新的局面。同时随着老挝经济的发展，越来越多的外资进入老挝，对老挝提出了更多的挑战，为适应新的经济形势，老挝选择加入东盟。此外，入盟后老挝可以享受一些优惠政策。在各方共同努力下，最终，老挝在1997年7月23日马来西亚召开的第30次东盟外长会议上被接收为东盟正式成员。

在加入东盟后，老挝与东盟内部成员国以及外部对话国进行了积极而密切的合作。通过参与东盟内部的双方和多方合作，老挝也扩大了与友好国家、联合国、不结盟组织、法语国家及地区组织以及各个金融机构的联系。加入东盟特别是参加东盟合作活动，使老挝国内的政治、经济、社会各方面得到长足的发展。老挝通过与东盟内国家的合作给本国带来丰厚的效益。东盟于2000年开始执行的东盟融合倡议，目的是帮助东盟新成员国与地区融合，发动东盟老成员国、对话国、其他国家和机构，对实施东盟融合项目给予资金支持。老挝把包括人才培养、基础设施建设、科技信息共享、地区经济融合、旅游、扶贫等内容的东盟融合项目打造成为帮助东盟新成员国的项目。

东盟国家可以享受的教育资源包含：给东盟成员国学生提供相关培训，帮助他们适应工作岗位；给东盟成员国教师提供教学方法和策略培训，提高教师教学水平；给失学儿童和年轻人提供帮助；参加东盟国家学习项目，通过线上或者跨国学习接触优质课程；加强东盟国家大学间的联系；在东盟国家交流学习中提供更多的奖学金名额；开展东盟发展中国家的教师培训。[1] 东盟国家之间高等教育合作的内容包括：①加入东盟大学联盟，开展大学间的学生交流、学术交流合作，开发课程和项目，提供区域和全球政策平台等。②参加欧盟与东盟教育合作项目。每年有 400 个本科生的留学奖学金名额，每年为 100 个本科生赴欧盟合作院校学习提供奖学金。[2] ③东盟国家成立的东盟教师教育网络协会（Association of Southeast Asian Teacher Education Network，TEN），通力合作执行东盟国家内部的教师教育项目，老挝教师可以通过参加协会，享受到相应的教师培训项目。

东盟国家共同制定了《东盟五年教育工作计划（2021—2025）》和《东南亚教育部长组织 2015—2035 教育议程》等区域性教育发展规划，东盟地区的区域教育组织及各成员国积极通过促进以公平、包容和质量原则为基础的终身学习，支持全球和区域教育，承诺注重在基础教育、高等教育以及技术和职业教育中推进面向未来的教育，以及促进教育主要利益相关者的合作。东盟各国教育部长共同提出了 2015—2035 年教育工作七个优先领域，分别是：普及幼儿保育和幼儿教育，破除全纳教育的障碍，提升危急情况下的教育恢复力，加强职业技术教育和培训，振兴教师教育，协调区域高等教育和研究，建立面向 21 世纪的课程体

---

① 参见东南亚教育部长组织网站，https://www.seameo.org/w5。

② 参见东盟大学联盟网站，https://www.aunsec.org/。

系。《东南亚教育部长组织战略计划（2021—2030）》重申加强教师教育振兴工作，应对数字化时代和疫情持续影响下的教育新形态，重点推进工作包括职前教师和在职教师交流项目、教师培训资源共享、教师信息素养提升、教师合作研究等。在 2019 年 11 月的东盟峰会上，各国领导人发布《曼谷宣言：为东盟 2030 年可持续发展议程推动教育伙伴关系》，强调与战略伙伴、对话伙伴、发展伙伴、其他外部伙伴和相关利益方建立富有成效的关系，探索有效合作方式。

老挝加入东盟之后，东盟各国予以老挝的学生奖学金名额逐步增加，老挝同东盟各国的政府互换奖学金生交换数量逐年稳步提升，各类教育援助资金较之前有了较大增幅，老挝高校参加东盟的教育平台的机制得到优化。东盟国家每年举办东盟教育部长会议和参与东盟各项教育计划项目，制定有利于区域发展的教育发展政策，老挝能充分利用这些政策提升教育水平。

三　扩大中老教育合作

中国和老挝山水相连，是社会制度相同、发展道路相近的社会主义友邦。1961 年 4 月 25 日，老挝和中国正式建立外交关系。建交 60 多年以来，两党两国关系经受住了时代变迁和国际风云变幻的考验。毛泽东主席、周恩来总理和老挝人民革命党中央委员会总书记凯山·丰威汉等两国老一辈领导人肝胆相照，结下了深厚战斗情谊，为中老世代友好奠定了坚实基础。在 20 世纪五六十年代，有 30 名老挝学生在广西师范学院就读。1976 年 11 月 24 日，中国共产党与老挝人民革命党签署备忘录，决定在广西南宁市给老挝学生建立"六七"学校。1968—1976 年，有 1000 余名老挝学生到"六七"学校就读。现在，曾经在"六七"学校就读的学生很多成为老挝党政部门的骨干。① "六七"学校不仅为老挝培养了大量人才，也是两国患难与共、互帮互助的历史见证，促进了

---

① 　覃婧婧、潘岳：《中国—老挝文化交流的历史与未来》，《广西社会主义学院学报》2022 年第 1 期。

两国友谊和文化交流。1986年，老挝开始实施革新开放政策，加强对外开放。1989年10月8日，老挝和中国签订领事条约，建立了战略伙伴关系，进一步实行对华友好政策。中老建交后，双方在对方首都设立了大使馆，在大使馆设有文化参赞一职，负责两国文化交流。中国还在老挝设立了琅勃拉邦总领事馆，领区包括丰沙里省、琅南塔省、博胶省、乌多姆赛省和华潘省等，老挝也在中国昆明、长沙、南宁、广州、上海设立了总领事馆。中老还分别在本国设立了友好协会，定期互访或者举行各种交流活动。此外，中国文化和旅游部还在老挝万象市设立老挝中国文化中心等机构，在向老挝传播中华优秀传统文化、促进两国文化交流的过程中也起到重要作用。老挝中国文化中心是中国驻老挝官方文化机构，在老挝设立此机构主要是为了与老挝开展文化交流。老挝中国文化中心于2014年正式成立，2021年搬入新址。老挝中国文化中心犹如一座桥梁，在中国向老挝宣传推广中华优秀传统文化、促进两国文化交流合作、增进中老友谊、促进中老民心相通中发挥着重要的作用。

20世纪90年代至今，中老关系进入全面发展和深化期。经过30多年的发展，老挝和中国的关系进入了新阶段。2016年9月李克强总理出席在老挝万象举行的第19次中国—东盟（10+1）领导人会议暨中国—东盟建立对话关系25周年纪念峰会期间访问老挝，参观了中老双语学校寮都公学，肯定了双语人才在两国发展友好关系中的作用。2017年11月13日，习近平主席对老挝进行国事访问。在访问之际，习近平主席在老挝《人民报》《巴特寮报》《万象时报》发表署名文章《携手打造中老具有战略意义的命运共同体》。2018年，时任老挝国家主席本扬·沃拉吉到福建下岐村和湖南十八洞村考察，学习中国的脱贫经验。应老挝政府的要求，中国积极与老挝开展减贫合作。两国全面战略合作伙伴关系不断拓展，人文交流日益活跃，老挝和中国在教育领域的交流合作也迎来了高峰。

在中老关系友好背景下，中国加大了对老挝的援助。中国对老挝的援助主要集中在经济、社会方面，如在基础设施建设方面，援助建设了中老铁路以及几个大型水电站，以提升老挝的基础设施建设水平。中国还援助老挝建设玛霍索综合医院，该医院于 2018 年开始动工并于 2021 年 11 月进行一期工程的移交。该医院是中国目前援外史上规模最大、床位数量最多、投资最大的医院，也是老挝目前规模最大、科室设置最全的综合性医院。此外，中国政府也对老挝高等教育进行了援助。例如，援助老挝国立大学建设孔子学院和在老挝多个地区开办孔子课堂，派遣中国高水平专家和师资到老挝进行授课；设置各类级别的中老政府奖学金，如中国—老挝政府互换奖学金项目、黔老奖学金项目、中国东盟奖学金项目，鼓励老挝学生到中国留学；支持中国高校到老挝开办各类分校等。2012 年，中国苏州大学在老挝万象开办老挝苏州大学，河海大学和老挝电力公司合作举办硕士研修班，海南大学和万象市开展合作办学等。据不完全统计，2019 年，老挝在中国的留学生达到 2 万多人次，而中国到老挝留学的学生也接近 500 人次。[①] 2020 年 9 月，老挝国立大学孔子学院在老挝国家政治行政学院设立孔子课堂，中文教育在老挝高等教育领域又有新进展，这些都离不开老挝高等教育的对外开放。老挝高等教育的对外开放，给老挝提供了外部发展动力。中国—东盟教育交流周在中国贵阳已经成功举办了 17 届，老挝教育体育部每年都派出高级别教育官员参加（见图 2-3、图 2-4），同时还积极参与中国云南—老挝北部合作机制。这些交流机制，进一步扩大了老挝高等教育的开放程度，推动了中老双边高校教育合作的深入。

老挝政府专门制定鼓励各层次人才到国外留学计划目标，鼓励国际教育领域的学生交流。从图 2-5 的数据可以看出，从 2011 年到 2018 年老挝来华留学生数量逐年增长。[②]

2018 年，按照国别统计，老挝成为中国来华留学生人数前十的国

---

① 2011—2018 年《教育部公报》，中华人民共和国教育部网站，http://www.moe.gov.cn/jyb_xxgk/gk_gbgg/moe_0/gb_2018/。

② 《为新时代中老两党两国关系开新局谱新篇——姜再冬大使接受中老媒体联合采访》，中国驻老挝大使馆官网，http://la.china-embassy.gov.cn/xwdt/202012/t20201231_1545285.htm。

图 2-3 老挝教育体育部部长显登·拉占塔本 2016 年 8 月 1 日参加第九届中国—东盟
教育交流周暨第二届中国—东盟教育部长圆桌会议期间接受贵州电视台采访
（曾丽 2016 年 8 月 1 日拍摄于贵州省贵阳市中国—东盟教育交流周期间）

图 2-4 老挝教育体育部部长显登·拉占塔本 2016 年 8 月 2 日参加第九届中国—东盟
教育交流周暨第二届中国—东盟教育部长圆桌会议期间看望在黔留学的老挝学生
（曾丽 2016 年 8 月 2 日拍摄于贵州省贵阳市中国—东盟教育交流周期间）

家，两国国际教育交流和合作进一步深化。① 老挝曾计划在 2015 年到
2025 年，实现出国留学人数达到 20000 人②，这一目标已提前实现。可

---

① 2018 年《教育部公报》，中华人民共和国教育部网站，http://www.moe.gov.
cn/jyb_xxgk/gk_gbgg/moe_0/gb_2018/。

② 老挝国家人力资源发展委员会：《至 2025 年老挝国家人力资源发展战略》，2015，
第 34—124 页。

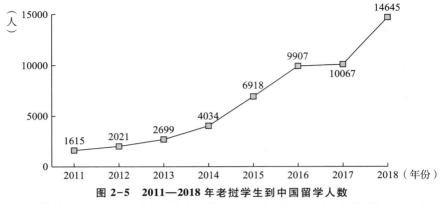

图 2-5 2011—2018 年老挝学生到中国留学人数

资料来源：2011—2018 年《教育部公报》，中华人民共和国教育部网站，http：//www. moe. gov. cn/jyb_xxgk/gk_gbgg/moe_0/gb_2018/。

以说，老挝的高等教育对外开放给老挝高等教育发展提供了强劲的外部动力。

四　重视老越高等教育合作

老挝和越南关系特殊，老越关系是老挝外交工作的重点。老挝和越南的特殊关系始于共同反抗殖民主义争取民族独立战争年代。1858 年，法国入侵越南，越南逐步沦为法国殖民地。1893 年法国入侵老挝，老挝沦为法国的殖民地。在争取独立的斗争中，老挝得到了越南的支持，两国也因为反抗法国殖民统治而形成了特定背景下的特殊关系。1940年，日本取代法国，成为控制越南和老挝的主要势力。两国再次合作互助，开启了反抗日本侵略的民族独立战争。1946 年，法国殖民势力在日本势力投降后重返越南、老挝，两国又开始了抵抗法国殖民统治的斗争。1954 年 7 月，法国在《关于印度支那问题的日内瓦协议》上签字，承认越南和老挝独立。1962 年 9 月，老挝和越南两国正式建立外交关系。1975 年，越南派遣军队参加老挝的解放战争，在老挝解放战争中发挥了极其重要的作用。同年 12 月，老挝人民民主共和国成立后，老越两国的特殊关系继续加强。1975 年，老挝人民革命党和越南劳动党分别成为两国的执政党，为特殊关系的建立做好了铺垫。此后，两国党、政、军高层互访不断，两国在政治、军事、科技、文化、教育上的合作不断扩大。1976 年 2 月，老挝人民革命党中央委员会总书记凯山·丰威汉访问越南，双方发表联合公报。1977 年 7 月，越南共产党中央委员会总书记黎笋率越党高级代表团正式访问万象，为两国关系发展作出了正式规划。作为访问成果，两国签订了为期 25 年的老越友好合作条约①，以文本的形式将两国的特殊关系正式确定下来。20 世纪70 年代末到 80 年代中期，越南驻老挝的专家和顾问人数不断增加，遍布老挝政府、军队，越南在老挝的驻军维持在 6 万人以上。从 20 世纪90 年代开始，老挝和越南关系不断巩固和发展。1991 年，老挝人民革命党中央委员会总书记凯山·丰威汉对越南进行了访问，双方明确坚定走社会主义道路，强调继续努力维护老越特殊关系。2016 年新一届老挝国家主席、人民革命党中央委员会总书记本扬·沃拉吉将越南作为首访国，进行了为期 3 天的访问。进入 21 世纪以来，老挝和越南在经济领域方面的合作更加深入。两国利用特殊关系的优势，着力发展双边贸易，增强经济互动，加快两国的经济发展，并取得了良好的成果。2016年召开的老挝人民革命党"十大"强调继续把经济发展作为老越特殊关系的重点，确定了国内经济计划到 2020 年 GDP 比 2015 年多 2 倍并成为中等收入国家的经济目标。② 2017 年是老越友好合作条约签订 40周年和老越建交 55 周年，两国举行了一系列的庆祝活动。

　　基于老越特殊关系，老挝在教育领域十分重视同越南高等教育的开放合作，积极争取越南的经费支持，每年都会签订专门的年度教育合作协议，就高等教育交流、干部人才培训、学生交流等内容进行约定。例如，越南捐资修建了老挝国立大学越南留学生楼，为在老挝留学的近千名越南学生提供现代化的住宿大楼；援建越南语系，修建越南语大楼；为在老挝推广和发展越南语教育，越南援助建立老挝国家政治行政学院。老挝、越南持续保持两国教师互派，高校间交流合作不断强化，政

---

①　该条约全称为《老挝人民民主共和国和越南社会主义共和国友好合作条约》。

②　陈定辉：《老挝：2016 年回顾与 2017 年展望》，《东南亚纵横》2017 年第 1 期。

府互换奖学金名额一直保持首位，互派留学生数量不断增加。老挝国立大学和越南国家经济大学（Vietnam University of Economics）的合作也不断加强，2004 年双方开始合作办学，开展本科、硕士研究生层次的联合培养项目。2018 年 2 月 5 日，老越政府间合作委员会第 40 次会议在老挝首都万象举行，老挝教育体育部与越南教育培训部讨论了 2018 年合作计划。

从图 2-6 可以看出，享受越南政府提供的奖学金的留学生人数从 2011 年的 254 人增长到 2017 年的 544 人。2011 年，越南全国共有 33 所高校为老挝学生提供奖学金，而到 2019 年，已经增至 72 所，2011 年至今获得越南政府奖学金的老挝毕业生达到 3000 人。2011—2020 年，老挝派学生赴越学习，重点在技术、科学、师范或师资培养、经济学等领域。其中，本科阶段学生较多，尤其是师资培训类师范专业学生达到了 51%。同时，计算机技术、电力、电信、化学技术、建筑技术等也是被派往越南留学生学习的主要学科。从 2011 年到 2020 年，已有约 3000 名老挝学生到越南留学。①

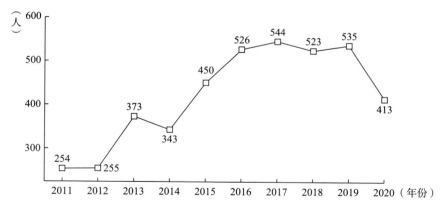

图 2-6　2011—2020 年越南为老挝提供的政府奖学金名额
资料来源：老挝国立大学网站。

①　Phontham Visapra, "Vietnam Commits to Enhancing Education Ties with Laos, Offers Scholarships," *The Laotian Times*, January 8, 2024, https://laotiantimes.com/2024/01/08/vietnam-commits-to-enhancing-education-ties-with-laos-offers-scholar-ships/.

五　接受美国教育援助与开展合作

老挝与美国的外交关系始于 1950 年美国在万象建立外交使团之际。1954 年，老挝脱离法国独立后，老美双方建立全面外交关系。美国对外教育援助是对外援助中一项重要内容，美国向老挝进行了大量援助，内容涉及经济援助、军事援助、教育文化援助各个方面。1950—1954 年，美国对越南、老挝、柬埔寨进行援助情况如表 2-2 所示。

表 2-2　1950—1954 年美国对越南、老挝、柬埔寨三国援助统计

单位：美元，%

项目内容	金额	占比
交通、能源	13350000	41.2
健康、卫生	8700000	26.9
农业、自然资源	5520000	17.1
大众、社区发展	2389000	7.4
公共管理	1968000	6.1
教育	440000	1.4
工业、采矿	8000	0.0
总项目基金	32375000	100.0

资料来源：转引自 Richard Noonan，"US Aid to Education in Laos，1955–1975：A Contribution to Historical Comparative Education，Embedded in Time and Space," *Journal of International and Comparative Education*. Volume3，Issue1，2014。

从表 2-2 可以看出，援助项目包括交通、能源，健康、卫生，公共管理，教育等项目，但是教育援助只占总援助的 1.4%。美国对越南、老挝、柬埔寨的教育援助项目包括 7 个子项目，分别是职业教育，技术教育，专业教育，成人教育，社区学校的建立，课本的印刷，校舍的建立、修缮与重建。成人教育目前仅在老挝实行，1954—1955 年，有 105 所社区乡村教育中心（Community Rural Education Centres）建立。

美国对老挝教育援助增长始于 1956—1961 年的美国援外使团教育项目（USOM），该项目的主要内容就是开展教师培训，于 1956 年在老挝东都实施。东都位于万象北部 10 公里处，主要用于教师培训和其他

培训。这也是建立老挝国家教育中心这一长期发展项目的一部分，同时也是迈向老挝高等教育的重要一步。1962 年，美国国际开发署援助建立教师培训机构。1973 年，教育学院向第一批完成大学等级学习的老师颁发硕士学位证。美国对老挝的教育援助意图打破法属时期的精英教育传统，促进老挝大众教育的发展。为此，美国加强了对老挝的职业教育、社区教育等，提供了教育培训和教育物资，为老挝教育的发展奠定了坚实基础。

美国驻老挝大使馆资料显示，自 1992 年以来，大使馆通过提供英语语言培训和资源向老挝教育部门提供支持。大使馆赞助了老挝国立大学的英语作为第二语言的教师年度会议，2012 年的会议覆盖来自各省的学校的教师代表。2011 年，大使馆创建了富布赖特英语教师助理（ETA）项目，派遣 8 名英语教师到老挝国立大学担任英语教师，2012 年大使馆与公共工程部合作，在湄公河下游倡议（LMI）的支持下创建了一个特殊用途英语（ESP）项目，为 150 多名老挝官员提供专业指导。教育交流是美国驻老挝大使馆支持老挝教育的另一个途径。自 1992 年以来，美国给成绩优异的老挝学者提供富布赖特奖学金，资助老挝学生去美国的大学攻读硕士学位，每年提供约 30 个名额。此外，还为赴美国留学的学生提供咨询服务。

据老挝《万象时报》2016 年 5 月 9 日报道，美国助理国务卿丹尼尔·拉塞尔于 5 月 6 日在老挝万象举行的第七次美国与老挝年度全面双边对话会上通过了一个美国援助老挝的综合发展项目，价值近 5000 万美元。2019 年 2 月，美国驻老挝大使馆正式启动了"学会阅读"计划，为期 5 年（2019—2023 年）。① 2022 年 5 月 13 日，美国国际开发署负责政策和规划的副署长伊索贝尔-科尔曼在访问老挝期间宣布提供 560 万美元，用于支持老挝发展教育，推进老挝教育现代化的进程。

---

① 万象时报网，https://www.vientianetimes.org.1a/freeContent/FreeContenUS_196.php。

六 接受日本教育援助

日本和老挝在 1952 年开始建立外交关系，并对老挝进行长期的援助。20 世纪 80 年代，日本为了扩大在东南亚的影响力，不断加大对东南亚的援助力度。老挝在革新开放后，主动提升同日本的外交关系级别，日本也不断加大对老挝的援助力度。例如，日本援助老挝完成了万象瓦岱国际机场、万象老日友谊医院、国际医院等一系列工程。老挝也积极争取日本政府在教育领域的支持和援助。1991 年以后，日本成了老挝最大的政府开发援助（ODA）提供国，日本是对老挝进行援助的众多国家中最主要的一个国家，涉及的范围十分广，包括各行各业，例如人才培养、农业与林业、医疗卫生、农村改造、环境保护等，也对教育、医疗保健服务等进行了援助。之后，日本政府援助老挝国立大学建立了经管学院，从师资到校舍建设提供全方位援助。到目前为止，经管学院依然是老挝国立大学发展得最快、设备最好的学院，也是老挝国立大学的招牌学院。每年，日本派出专业教师到老挝国立大学进行任教和指导，老挝也扩大了招收日本学生的规模，每年都会提供一定的奖学金名额给日本学生，鼓励日本学生来老挝学习老挝语言及文化。

1999 年，日本向老挝提供援助的优先领域，主要包括人才培养、扶贫、农业与林业、基础设施改造。日本政府还于 1997 年在老挝首都成立了日本国际协力机构（Japan International Cooperation Agency, JICA）办事处，以加强在援助外交上的合作。日本确定每年援助老挝经费的一部分用于援助教育。安倍政府期间，通过了修订的《开发合作大纲》。第二届安倍政府在新《开发合作大纲》的指导下，通过日本国际协力机构以综合战略的形式执行日本对老挝政府的开发援助计划，其中日本通过老挝—日本人力资源合作中心向老挝提供援助，主要是进行教育环境和人力资源开发，例如开设 MBA 课程。表 2-3 显示了 2004—2011 年日本对老挝教育援助经费占其援助经费总额的比例。

表 2-3　日本对老挝教育援助经费占其援助经费总额的比例

单位：%

年份	金额占比
2004	28.4
2005	8.8
2006	4.6
2007	11.3
2008	12.1
2009	20.5
2010	21.6
2011	8.8

资料来源：OECD，OECD Stats：Creditor Reporting System，http://www.stats.oecd.org/。

2014 年日本以 2960 万美元的援助金额加大对老挝的援助，用于学校和基础设施改造。2015 年援助沙湾拿吉大学计算机中心与企业管理学院教师学位项目，以及老挝教育体育部开展的旨在提高数学与科学教学质量项目。[①] 2022 年 6 月，日本政府援助老挝 1800 万美元改善老挝全国 18 所师范院校的基础设施。

日本对老挝的援助涉及的范围十分广泛，包括各行各业，例如人才培养、农业与林业、医疗卫生、农村改造、环境保护等。在技术援助方面，主要是对人力资源进行培训，提高老挝人才的专业水平。从 1999 年到 2015 年，日本为老挝培养 300 多名不同领域的人才，相关的数据显示，在这段时间里，日本为老挝人才的培养总共支出 3500 万美元。[②] 日本根据老挝经济发展的需要，在提供资金援助的同时还帮助老挝培养大批的经济、政治、教育方面的相关人才。老挝通过不断学习先进国家的成功经验，调整本国的发展策略，综合实力得到了很大的提高。

---

① 资料源自万象市老挝国际合作处、计划与投资部，2015 年 9 月 28 日。

② Lao NEWS on LNTV，"The Government of Japan Provides Us $8 Million in Grants," https://www.youtube.com/watch？v=r MCSgyez D3A.

七 加强老法高等教育合作

1986 年，老挝制定了革新开放政策，并决定加大对外开放的力度。老挝希望借助与法国的历史关系，扩大与法国在各领域中的合作，以推动本国社会经济的发展。同年，老挝加入了法语国家及地区国际组织（Organisation Internationdela Francophonie，OIF）①，并参加该组织的首脑会议。自 20 世纪 80 年代中期以来，法国在与老挝开展教育和文化合作的过程中，法国政府每年都向希望到法国继续深造的老挝学生和官员提供奖学金。此外，法国的非政府组织和企事业单位也都积极参与对老挝的人力资源培训等事务。1995 年老挝国立大学建立后，也与法国开展全面合作，老挝国立大学与法国的高等教育和研究部门建立稳固的合作伙伴关系。同时，老挝教育部门和法国共同开设法语—老挝语双语课程班。在双语班的开办过程中，法国驻老挝大使馆"合作与文化行动处"在"法语区大学机构"的帮助下，一直给予双语班计划经费支持，每年的费用达到近 20 万美元，其中部分经费专用于提高教师待遇。②

2007 年，老法两国开展植物多样性研究方面的合作。老挝国立大学和法国国家科学和技术管理局合作，为老挝高等教育部门开展热带植物生物多样性研究项目提供资金、帮助修复老挝国家植物标本馆以及为老挝国立大学举办森林生态学培训。这一合作项目于 2011 年完成。法方与老挝国立大学合作进行了近 5700 个植物标本的普查。在万象建立的"跨学科研究中心——老挝国家植物标本馆"也已于 2011 年 7 月 22 日启用，法国还为该馆提供了植物分类和物种保护方面的必要设备，法国国家自然历史博物馆也向其提供了 1000 多个植物标本，以支持老挝高校的植物学研究。2008 年 1 月，法国在老挝启动了"为工程学教育的发展提供支持"的项目，以推动与有工程学专业的高等学校的合作，

---

① 法语国家及地区国际组织的前身为"文化技术合作署"（Agencede Coopération Culturelleet Technique，ACCT），成立于 1970 年，2005 年改为现名。

② Lesclassesbilingues：unnouveautournant，http：//lepaysdessourires. xo.

并为工业部门提供人才培训。① 医疗卫生教育合作是法国与老挝教育合作的最主要领域之一，合作的历史也较久。从 2008 年 1 月开始，法国和老挝政府通过协商，开始执行"支持老挝医学教育"合作计划，法方为该计划提供了 190 万欧元，以支持医学院校的教学发展和研究生培养，并改善他们的教学和生活条件。此外，法国还借助高等医学教育合作计划，通过老挝公共卫生部等政府部门对医疗卫生相关机构如医学研究机构、医师协会、相关基金会和非政府组织等提供资助，以促进全国医护人员培训计划的落实。目前，已经有多批医护专业的学生从该计划中获益。在保护文化遗产方面，双方充分利用法国在东南亚国家的考古研究和文物保护方面拥有的丰富经验，保护老挝丰富的文化遗产。这也已成为双方教育合作的重要主题。2017 年 2 月 6 日，法国世界遗产协会主席伊夫·道日（Yves Dauge）先生曾访问老挝，交流关于维修和保护世界文化遗产的经验并为老挝培养专业人员。② 在法国的协助下，柬埔寨金边皇家大学、老挝国立大学社会科学学院和法国东方语言文化学院联合实施一项多学科人文科学课程，开展行政管理人员培训。面对老挝法律人才匮乏的问题，法国里昂第三大学与老挝国立大学合作举办高级法律人士培训班，由法国主办机构提供课程，在老挝授课，毕业生获法国里昂第三大学的文凭。老挝与法国在培训老挝的行政及区域合作管理人员方面展开了比较广泛的合作。例如，法国通过设在老挝的一些研究组织和机构的开发项目，对老挝的青年研究工作者和管理人员进行培训。同时，法国还借助老挝国立大学与罗讷—阿尔卑斯大学联盟之间的高校合作伙伴关系，由罗讷—阿尔卑斯大区提供财政支持，为负责东盟区域一体化背景下的老挝人力资源管理的老挝外交官进行相关专业培训。

---

① Laos/France：renforcement de leur coopération dans la protection culturelle，2017-06-03，http://kpl. gov. la/fr/detail. aspx？id=22602.

② 杨保筠：《法语与法国—老挝教育合作》，《法语国家与地区研究》2018 年第 3 期。

　　在与老挝的教育和文化合作过程中，法国政府和相关机构对双方合作项目提供必要的资助。例如，法国向希望在法国或东盟地区从事学术研究的老挝青年提供资助，以促进人才培养工作。为了吸引更多的老挝学生到法国学习，"法国高等教育署"（Campus France）于 2008 年在老挝开设办事处，为有意到法国留学的老挝学生提供帮助。为此，该机构还在老挝举办论坛、讨论会和展览，以多种方式介绍其活动和法国及法语国家的教育概况，以吸引生源。由于老挝的实际情况，法国为老挝留学生和人员培训提供资助，其主要形式就是发放各类奖学金。法国政府通过驻老挝大使馆根据优先项目的需要，并与其合作伙伴进行协商来分配奖学金。老挝国立大学是法国在老挝的主要合作伙伴，因此所得到的法国奖学金也比较多。但由于整体经费不足，老挝学生的奖学金名额不断下降，到 2013 年，法国仅为老挝提供了 11 个奖学金名额，其中博士生 3 名，硕士生 6 名，本科生 2 名。[①]

八　接受澳大利亚和新西兰教育援助

　　2014—2015 年，澳大利亚政府为 50 名前往澳大利亚学习的老挝学生提供奖学金。还有 140 个奖学金名额用于资助老挝国立大学和苏发努冯大学的学生。老挝—澳大利亚研究所（the Lao-Australian Institute，LAI）还为逾 60 名老挝政府官员提供英语培训。2016—2017 年度，澳大利亚政府向老挝提供 4100 万美元的官方发展援助，其中半数属于双边资助性质。同时，老挝—澳大利亚研究所计划还将协助老挝教育体育部开展组织改革工作。新西兰政府也为老挝学生提供前往新西兰进修的奖学金。同时，就特定议题，为老挝人组成的小组提供在新西兰的英语训练。

　　老挝政府积极争取国际银行机构及其他国际组织的贷款、援助，接受来自美国、日本、中国、越南、法国等国家和组织的援助，使得老挝高等教育向国际化方向发展。尤其是在老挝与世界各国在教育、科技、

---

　　① 杨保筠：《法语与法国—老挝教育合作》，《法语国家与地区研究》2018 年第 3 期。

经济、社会、文化等领域的全面合作日渐加深的背景下，老挝也引进国外一些前沿的科学技术以及在亚洲乃至全世界都具有领先水平的教育资源，提升老挝教育的国际化水平，改善本国的办学条件，提升人才培养的质量和数量，尤其是在接受国外援助过程中，有意识地培养本国急需的自然科学、工程学、管理学、信息通信技术等方面的人才，充分利用国外资源来促进本国教育的发展，带动老挝教育加速国际化。

第四节　老挝高等教育对外开放的成效

由于老挝经济发展相对落后，其高等教育发展的基础也相对薄弱，高等教育规模不大、体系不够完善，一些长期困扰高等教育发展的问题不能得到有效解决。老挝政府通过法律支持高等教育对外开放，明确规定老挝所有高等教育机构可以接受国内外组织和个人的援助，这对老挝高等教育的发展发挥了重要推动作用。

一　扩大了老挝高等教育规模

老挝通过教育对外开放政策，扩大了高等教育规模。老挝政府的财政规模小，在教育支出预算方面，主要集中发展公立高等院校。但老挝高等教育机构的整体发展水平较低，办学规模普遍偏小。老挝财政支出远远不能满足老挝高等教育的发展需要，迫切需要外部资金的注入，遂通过教育对外开放，吸引国际援助和国际资金的进入，助力老挝高等教育的发展。1986 年，老挝实行革新开放政策，教育对外开放进一步扩大，国际资金进入教育领域。1995 年，在亚洲开发银行的经费资助下，老挝政府对高等教育进行改革，将老挝原有的 10 所院校进行合并，组建老挝国立大学，开创了老挝高等教育的新局面。老挝国立大学成为老挝最大的综合性大学。老挝通过整合资源，迅速扩大了高等教育机构的规模，加强了能力建设，教育对外开放成效显著。

此外，老挝出台教育对外开放政策，允许国外资本到老挝投资高等教育，并对此类国际背景的高校实行免税政策。在这样的政策鼓励下，源源不断的国际资本进入老挝高等教育领域，先后兴办了老挝—德国学院、老挝—美国学院、老挝—韩国学院、老挝苏州大学等高等教育机构，高等教育机构的数量有所增加，招生人数也不断上升。老挝的教育对外开放政策，加快了国际教育资本的流入，为老挝高等教育规模的扩大提供了资金和政策保障，改变了老挝的高等教育格局。老挝高等教育有了量的提升和质的变化，开创了新局面。

二 推动了老挝高等教育机构多元化

在教育对外开放背景下，老挝政府鼓励高等院校与国外高校进行合作，开展学士、硕士联合培养项目和少数博士联合培养项目，以提高老挝高等院校的办学层次及办学水平，完善培养体系。老挝的高等院校通过国际化的途径，不断学习外国经验，积极与国外高等院校举办学术会议，开展科研合作。高等院校的国际化发展不再仅仅局限在教学领域，也开始向科学研究、国际会议、校办企业等领域延伸，高等院校也开始尝试多元化的发展。教育对外开放也使老挝高等教育体系更加健全，老挝高等教育机构通过开展联合办学、国际合作项目，举办国际教育论坛以及加入大学联盟等，加快了多元化发展步伐。

三 促进了老挝高等教育与国际接轨

教育的对外开放，直接促进了老挝高等教育的"走出去"和"引进来"，促进了老挝高等教育与国际的接轨。老挝政府通过主导一些基础性的建设项目，从高校网络管理系统、国际师资培养、出国留学管理系统等方面来进行信息化建设，确保与国际接轨的连通性。教育的对外开放，为老挝带来了国外大学先进的管理制度，老挝的教育机构开始尝试建立高校大学理事会管理制度，在管理制度方面学习国际先进经验，为国际化做充足准备。在质量体系管控方面，老挝通过教育对外开放，引进国外高校到老挝办学，并"走出去"学习国外高校质量管理体系。从 2007 年起，老挝参照国际教育标准体系，着手建立老挝高等教育质量保障体系，促进高等教育质量标准与国际接轨。

四　推动了老挝高等教育规范发展

教育的对外开放，直接加快了老挝的教育立法进程，特别是高等教育立法进程，规范了老挝高等教育发展。2000 年，老挝颁布了《教育法》，2007 年对《教育法》进行修订，明确了老挝高等教育是高中、中级或高级职业教育以上的教育，明确将技术学校和其他颁发学位或者专业证书的院校纳入老挝高等教育范围。2020 年 10 月，老挝通过了《高等教育法》，从外部强化了对高等教育的监管。老挝政府通过不断学习国外经验，在高等教育领域开始了法制建设，通过法律的约束，为高等教育发展提供法律依据，进而推进标准化建设。自 2017 年开始，老挝教育体育部下设机构高等教育质量保证中心就通过借鉴中国高等教育质量保障体系和欧美国家高等教育质量标准，来建设本国的高等教育质量保障体系。在短短的 20 年间，老挝完成了从《教育法》到《高等教育法》的细化，高等教育法制体系更趋完善。

五　促进了老挝高等教育基础设施和师资建设

老挝通过教育对外开放，打通了国际资本进入老挝的通道，方便了国际资金对老挝教育领域的投入和援助，促进了老挝高等教育基础设施和师资建设。通过亚洲开发银行和其他国际组织的对口援助，老挝的高等教育机构获得了非常宝贵的资金支持，完善了部分主要高校的基础设施建设。例如，2020 年亚洲开发银行将老挝沙湾拿吉大学校舍扩建纳入了援助计划，大大改善了该大学的办学条件。

国际社会通过对老挝的教育援助项目，为老挝高等学校提供师资培训和学历提升专项援助，提高了老挝高等教育的师资水平，也为老挝高等教育师资建设提供了诸多平台和渠道。2015—2020 年，老挝有 100 多名高校教师在国际援助资金资助下通过在国内外院校学习提升了学历。[1]

---

① 笔者根据老挝教育体育部 2015—2020 年高等教育总结报告统计数据整理。

六　满足了人民对高等教育的多元化需求

老挝通过教育对外开放，方便了国际社会对老挝的教育援助，国际社会给老挝提供的大量奖学金名额，促进了老挝的留学教育，满足了老挝人民对高等教育的多元化需求。2000 年以后，老挝出国留学的学生规模增长迅速。老挝学生通过国际组织和国外教育部门以及国际高校的平台就可以自主申请各类奖学金或者留学名额，满足了老挝人民对高等教育的需求。此外，老挝学生通过老挝高校和国外高校的联合办学项目可以实现学历提升，甚至进入外资所办高校学习，接受优质的国际教育。

随着教育开放程度的提高，老挝国内高校的办学水平也逐步提高，教育教学手段也更加丰富，课程体系也更加多样。老挝人民对高等教育的满意度也有了一定的提高。教育对外开放和教育国际化，促进了老挝高等教育的发展，使老挝人民的高等教育获得感有所提升。

七　提高了人才培养的质量和数量，服务老挝经济社会发展

1986 年，老挝由计划经济转变为市场经济，全面实行革新开放，开始积极参与国际经济交流，老挝也逐渐开始摆脱历史因素带来的影响，国家经济开始全面复苏。但老挝经济发展起步晚，仍是世界上十分落后、贫穷的国家。国家的发展离不开人，老挝要发展就必须注重人才建设。综合国力的竞争，更多的是人才竞争。老挝通过教育对外开放，鼓励学生走出国门，赴国外留学，培养了大批的政治经济、管理服务、科学技术、教育教学等领域的相关人才，老挝的教育水平得到提高，教育综合实力也得到了很大的提升。经济国际化的影响不断扩大，老挝也顺应经济发展的需求，加入经济国际化发展进程中，参与国际合作，学习先进国家的成功经验，改进本国的发展策略，确保老挝经济快速发展。同时，实行教育对外开放，允许国外资本到老挝投资高等教育，兴办了老挝—德国学院、老挝—美国学院、老挝—韩国学院等国外私立院校。这些国外院校带来了国外高校的管理经验，以及人才培养、课程体

系，是老挝高等教育的有益补充。

老挝自 1986 年实行革新开放政策以来，就特别注重发展国际关系，并将寻求国际援助作为老挝的基本国策之一。在国际组织及部分国家的持续援助下，老挝教育在公平、包容、质量、效率等方面得到了有效提升，推动了教育事业和社会经济的有序发展。老挝初等教育、中等教育及高等教育也有了量和质的提升。总的来说，老挝高等教育经历了一个漫长的发展过程，发展历程曲折，但是老挝的教育对外开放政策成效显著。从拓展中老高等教育合作广度和深度来看，中国与老挝在高等教育领域的交流仍处于发展阶段，老挝来华留学生规模有待扩大，中老大学间交流有待加强。这要求我们更加深入地了解老挝教育事业发展状况，在已有的对外交流与合作机制的基础上更加有所侧重地制订两国的合作交流计划，建立新的教育合作模式，使两国在教育交流与合作中实现双赢。老挝高等教育对外开放历史轨迹的研究，可以为推动中国、老挝高等教育的合作交流提供有益参考。

第三章

基于教师的老挝高等教育国际化情况调查

　　老挝革新开放以后，重视教育交流合作，通过双边和多边国际合作，同时颁布一系列法律法规，推动老挝高等教育的国际化发展。《老挝人民民主共和国教育改革战略规划（2006—2015 年）》提出，"鼓励与国外、国际组织机构开展教育方面的合作，争取援助发展教育"。老挝《教育法》第一章第八条提出："促进本国高校与国外及其组织机构的合作与联系，以便争取资金建设教学楼，提高行政人员的学历层次，交流专业建设、教学研究、行政管理、教育管理等方面的经验，彼此了解双方的课程设置、文凭、教师资格证、学业证等。"这些政策和措施，推动了高等教育在数量和质量上的提升。老挝 1997 年 7 月加入东盟后，扩大了与东盟国家高等教育的合作。目前，老挝高校已与中国、越南、马来西亚、泰国、美国、澳大利亚等国家的 100 多个大学或组织机构建立了合作关系，教育国际交流成果显著。中国已有 20 多所院校与老挝的高校开展国际交流与合作，随着大湄公河次区域经济合作机制和澜湄合作机制的建立，人文交流成为区域内各国合作的重要内容。与此同时，中国提出的"一带一路"倡议也成为老挝高等教育国际化强大的推动力。教师是高等教育的实施主体，是高等教育国际化的重要推动者。为了了解老挝高等教育国际化的情况，我们设计问卷，对老挝高等院校的教师进行了国际化内容的调查。

第一节　调查研究设计

本研究以老挝教师国际化教育研究现状为基础，运用问卷调查法，采用随机抽样和分层抽样的方式选取了老挝国立大学、苏发努冯大学、占巴塞大学、沙湾拿吉大学等大学的 72 名教师为调查对象，于 2020 年 5 月针对老挝教师国际化情况进行了问卷调查。为了方便教师理解所调查的问题，所有问卷内容都用汉语、老挝语两种语言呈现，确保所选择内容的准确性。

问卷内容第一部分主要涵盖研究对象的基本信息，包括性别、学历、职称、学校类型。第二、三部分为教师国际化情况与水平，包括留学意愿、留学目的地及留学意向专业、选择留学国家的影响因素、知晓学校成立外事部门教师比例、部门负责人、是否制定了外事工作规章制度等维度。笔者将所收集数据进行统计与差异分析，了解老挝教师国际化现状，分析不同性别和不同性质学校的教师之间以及不同年龄、教龄、学历、职称的教师之间的差异，还具体分析了留学意愿及其影响因素，从而得到老挝教师国际化的现状信息，以便为在与老挝高等教育资源互补时应设立何种课程及学校提供现实依据。

本研究使用 SPSS 26.0 对所获得的问卷数据进行管理与统计分析。在数据分析上，首先对各问卷指标进行描述统计。随后，由于本部分数据均为点计而来的间断变量，所以为了检验各指标在一些关键变量上的差异，在此使用 χ^2 检验进行差异分析。其中，当 p 值大于 0.05 时，说明假设检验的结果不具有显著性，代表在该指标上无显著统计学差异；当 p 值大于 0.01 且小于 0.05 时，说明假设检验的结果具有显著性，代表在该指标上有显著统计学差异；当 p 值大于 0.001 且小于 0.01 时，说明假设检验的结果高度显著，代表在该指标上有高度显著统计学差异；当 p 值小于 0.001 时，说明假设检验的结果极高度显著，代表在该指标上有极高度显著统计学差异。

第二节　调查结果分析

本研究采取网络问卷发放方式，通过微信广泛发放，同时也委托部分合作院校的教师广泛宣传，共收到来自老挝高等学校教师的 72 份有效问卷。

一　教师基本信息

为了了解老挝高等学校教师的学历结构，本次调查设计了本科、硕士研究生、博士研究生和其他学历水平四个维度，通过确定教师男女比例来了解老挝高等学校教师的性别结构，通过调查职称背景了解老挝高等学校教师的职称结构，通过调查教师留学背景了解教师国际化的比例。

如图 3-1 所示，在所调查的教师中，本科学历教师占 39%；硕士研究生学历教师占 43%；博士研究生学历教师占 10%；其他学历教师占 8%。这反映出老挝高校教师整体学历水平不高，只有 10% 的教师拥有博士研究生学历，拥有硕士研究生学历教师比例最高，甚至低于本科学历的教师也占一定比例。

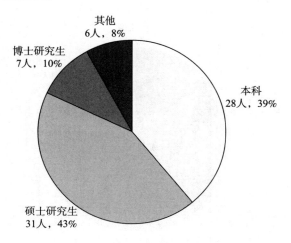

图 3-1　教师学历分布

注：因四舍五入取整数计，不够精确，百分比之和可能非 100%，下同。

在所调查的 72 名教师中，男教师 52 人，占比 72%；女教师只有 20 人，占比 28%。

如图 3-2 所示，在所调查的教师中，在公办学校的有 58 人，占比 81%；在民办学校的有 8 人，占比 11%；在私立学校的有 6 人，占比 8%。

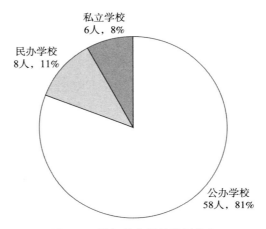

图 3-2　教师所在学校类型分布

如图 3-3 所示，在所调查的 72 名教师中，初级职称教师有 3 人，占比 4%；中级职称教师有 13 人，占比 18%；高级职称教师有 27 人，占比 38%；其他职称类型教师有 29 人，占比 40%。这反映出老挝教师整体职称水平不高。

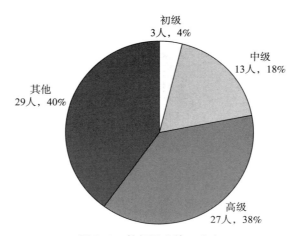

图 3-3　教师职称情况分布

在所调查的教师中，有海外留学经历的教师共 61 人，占比 85%，没有海外留学经历的教师共 11 人，占比 15%。这反映出老挝高等教育虽然不发达，但很多教师都有海外留学经历，有国际化背景的教师比例较高。

二 教师国际化情况

为了了解老挝教师的国际化情况，笔者围绕教师留学意愿、留学目的地、留学意向专业、学校国际化管理、外语课程开设情况、国际学生招收情况、合作办学机制等内容开展调查研究。

1. 留学意愿

在所调查的教师中，有留学意愿的教师有 71 人，占比 99%；无留学意愿的教师仅 1 人，占比 1%。这说明，在所调查的老师中，几乎都有留学意愿，出国留学积极性很高。

差异分析显示，留学意愿在教师学历、教师性别、教师职称和是否有留学经历上均无显著差异，而在教师所在学校类型上差异显著（$\chi^2 = 11.16$，$p<0.05$），说明在公办学校的教师具有更高的留学意愿。

2. 留学目的地

如图 3-4 所示，在所调查的教师中，60% 的教师愿意去中国留学，11% 的教师愿意去美国留学，各有 7% 的老师愿意去澳大利亚和日本留学。这说明，近年来，中老两国关系持续向好，中国高等教育教学质量提高，越来越多的老师选择中国作为留学目的地，中国高校对老挝教师有很大的吸引力。

差异分析显示，留学目的地在教师学历、教师性别、教师职称和是否有留学经历上均无显著差异，而在教师所在学校类型上差异显著（$\chi^2 = 31.21$，$p<0.05$），说明在公办学校的教师更愿意去中国留学。

3. 留学意向专业

我们按照哲学、经济学、法学、文学、历史学、理学、工学、农学、医学、管理学、艺术学的分类大框架，对老挝留学生进行了留学专

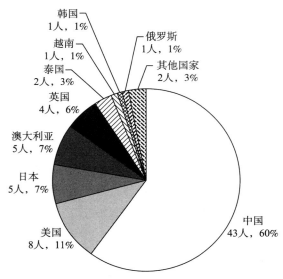

图 3-4 教师留学目的地分布

业的调查。①

如图 3-5 所示，在所调查的教师中，29.17%的教师愿意学习经济类专业，23.61%的教师愿意学习语言类专业，11.11%的老师愿意学习管理学类专业。选择学习计算机、物理类专业的教师比较少。

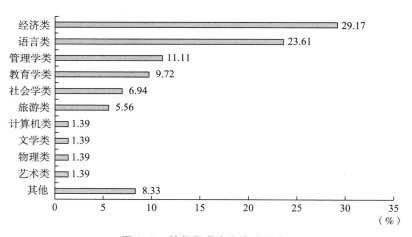

图 3-5 教师留学意向专业分布

---

① 因部分学生不理解理学和工学，遂将部分理学和工学学科具体化为专业，便于留学生选择，确保选择项目的有效性。

4. 老挝高校的国际化管理

各个高等教育机构都有专门的国际化管理部门，如国际交流合作处、外事办公室等，负责学校的对外交流工作，便于国际交流合作活动的开展。

在所调查的教师中，60%的教师知晓学校成立外事部门，23%的教师并不知晓学校成立外事部门，17%的教师不清楚学校是否成立外事部门。

差异分析显示，教师是否知晓成立外事部门在教师学历、教师性别、教师职称和是否有留学经历上均无显著差异，而在教师所在学校类型上差异显著（$\chi^2 = 21.99$，$p < 0.05$），说明公办学校教师的知晓率更高，而私立学校或者民办学校老师的知晓率较低。

如图 3-6 所示，40%的外事部门负责人由处级干部担任；29%的外事部门负责人由其他教师担任；20%的外事部门负责人由校长担任；11%的外事部门负责人由外事副校长担任。82%的学校制定了外事工作规章制度，14%的教师不清楚学校是否制定了外事工作规章制度，4%的学校没有制定外事工作规章制度。

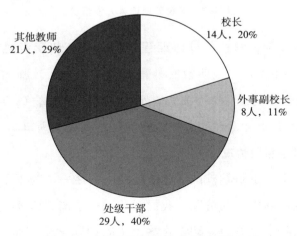

其他教师
21人，29%

校长
14人，20%

外事副校长
8人，11%

处级干部
29人，40%

图 3-6　外事部门负责人由谁担任的比例

差异分析显示，是否制定外事工作规章制度对教师留学意愿有显著影响（$\chi^2 = 23.32$，$p < 0.05$），说明制定了外事工作规章制度的学校，教

师的留学意愿更高。

5. 外语课程开设情况

外语是对外交流的工具，也是衡量一个学校国际化水平的标准之一，为了了解老挝高等院校开设外语课程的情况，我们对老挝高校开设外语课程的情况进行了调查。

如图 3-7 所示，53% 的学校开设了英语课程，而 44% 的学校开设了中文课程。

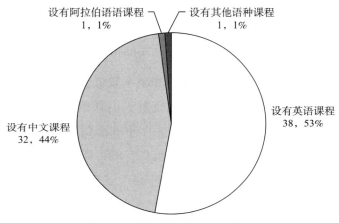

设有阿拉伯语语课程
1，1%

设有其他语种课程
1，1%

设有英语课程
38，53%

设有中文课程
32，44%

图 3-7　学校外语课程开设情况

差异分析显示，学校的外语课程设置对教师留学意愿有显著影响（$\chi^2 = 72.00$，$p<0.05$），说明设有外语课程的学校，教师的留学意愿更高。此外，留学目的地与学校开展的外语课程差异显著（$\chi^2 = 123.84$，$p<0.05$），说明设有中文课程的学校的教师更愿意去中国留学。

6. 国际学生招收情况

招收国际学生也是学校国际化的重要内容之一，为了了解老挝各个高等学校招收国际学生的情况，我们对此进行了调查研究。

在招收国际学生方面，89% 的学校招收国际学生，而 7% 的学校并未招收国际学生，4% 的教师不清楚是否招收了国际学生。

差异分析显示，所在学校是否招收国际学生对教师留学意愿有显著影响（$\chi^2 = 23.32$，$p<0.05$），说明招收有国际学生的学校，教师的留学

意愿更高。

7. 合作办学机制

全球化进程的不断推进使得各个国家间的来往日益密切，各国通过合作办学引进优质的教育资源和先进的教育培训体系，实施国际化人才培养模式，培养具有国际视野的专业人才，满足经济快速发展与建设的需要。

调查结果显示，87%的学校建立了合作办学机制，6%的学校未建立合作办学机制，7%的教师不清楚是否建立了合作办学机制。

三　教师国际化水平

为了了解老挝教师国际化水平，我们开展了以下调查。

1. 每年安排教师赴国外访问学校的比例

如图 3-8 所示，在每年安排教师赴国外访问的学校中，44.44%的学校每年会安排 1~10 名教师赴国外访问，19.44%的学校会安排 11~20 名教师赴国外访问，大约 7%的学校每年会安排 21~30 名教师赴国外访问。

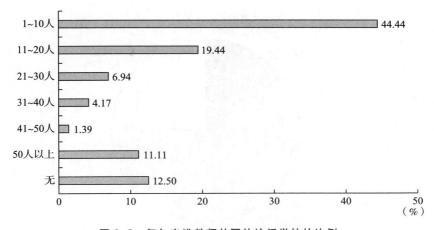

图 3-8　每年安排教师赴国外访问学校的比例

差异分析显示，每年安排教师赴国外访问学校的比例对教师留学意愿有显著影响（$\chi^2 = 13.59$，$p < 0.05$），说明如果学校安排教师赴国外访问，那么教师的留学意愿更高。

2. 外籍教师聘用情况

如图 3-9 所示，在学校外教的数量上，26.39%的学校有 6 名以上外教，20.83%的学校有 1~3 名外教，23.61%的教师并不知道本校的外教数量。

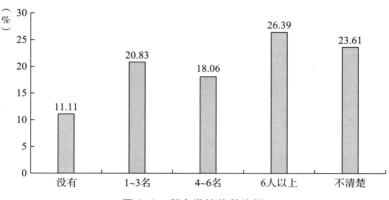

图 3-9　所在学校外教比例

如图 3-10 所示，在外教所教科目中，61%的外教担任语言类教学工作，24%的外教担任专业课程类教学工作，10%的外教担任着其他工作。

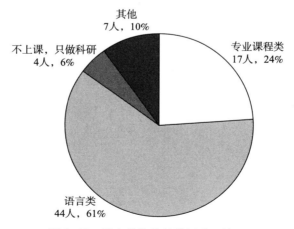

图 3-10　所在学校外教教授科目情况

3. 学校国际化程度评价

如图 3-11 所示，65%的学校开设有英文网站，22%的学校开设有中文网站，9%的学校只开设了老挝语网站。

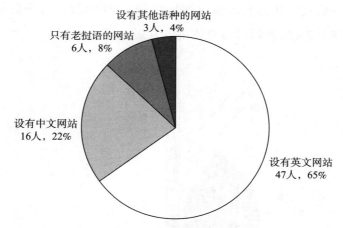

图 3-11　外语网站设置情况

如图 3-12 所示，在教师对学校的国际化程度评价中，47.22% 的教师评价为一般，37.50% 的教师对学校的国际化程度评价较高，12.50% 的教师认为学校的国际化程度很高。

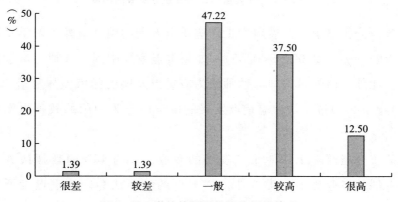

图 3-12　学校的国际化程度评价情况

基于学校的国际化程度分类，结合相应学校教师所选择的留学目的地，卡方检验结果显示，留学目的地与学校的国际化程度差异显著（$\chi^2 = 64.46$，$p < 0.05$），说明在国际化程度较高的学校工作的教师来中国留学的意愿较高。

4. 开展留学工作应重点发展的国家与专业

如图 3-13 所示，在教师认为开展留学工作应该重点发展的国家调查中，67%的教师认为应该重点发展中国，8%的教师认为应该重点发展其他国家，7%的教师认为应该重点发展美国。

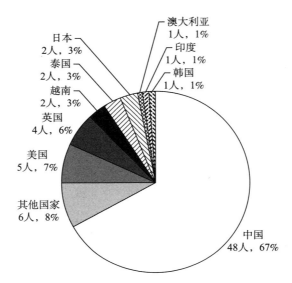

图 3-13 开展留学工作应重点发展的国家

差异分析显示，开展留学工作应重点发展的国家对教师留学意愿有显著影响（$\chi^2 = 72.00$，$p < 0.05$），如果重点发展中国，教师的留学意愿更高。此外，留学目的地与教师认为应重点发展的国家差异显著（$\chi^2 = 183.44$，$p < 0.05$），认为应重点发展的留学国家为中国的教师更愿意去中国留学。

关于开展留学工作应重点发展的专业，大约46%的教师认为应该重点发展的专业为语言类专业，约18%的教师认为应该重点发展经济类专业，约11%的教师认为应该重点发展其他专业（见图3-14）。

5. 教育对外开放对学校办学是否有帮助

如图3-15所示，在教育对外开放对学校办学是否有帮助的调查中，76%的教师认为教育对外开放对学校办学有帮助，13%的教师认为教育对外开放对学校办学的帮助一般，10%的教师表示不清楚教育对外开放与学校办学之间的关系，1%的教师表示教育对外开放对学校办学没有帮助。

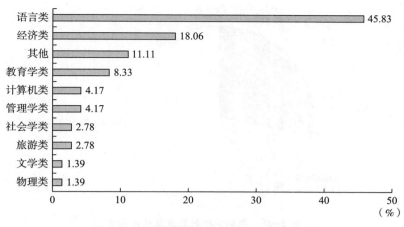

图 3-14 开展留学工作应重点发展的专业

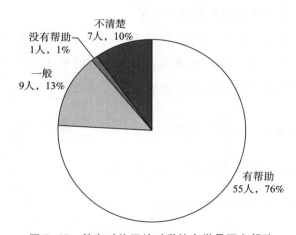

图 3-15 教育对外开放对学校办学是否有帮助

6. 影响学校教育国际化的因素

如图 3-16 所示,在对学校教育国际化的影响因素的调查中,57%的教师认为政府主管部门的政策对学校教育国际化的影响最大,15%的教师认为国际环境对学校教育国际化的影响最大,13%的教师认为教职工的需求对学校教育国际化的影响最大。

差异分析显示,政府主管部门政策与国际环境对教师留学意愿有显著影响($\chi^2 = 17.24$,$p < 0.05$),说明如果有好的政策与国际环境,教师的留学意愿更高。

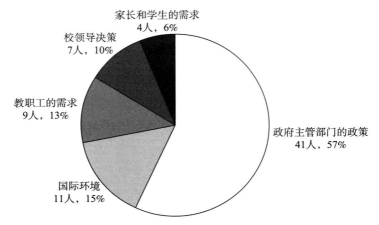

图 3-16　影响学校教育国际化的因素

7. 海外合作办学和留学对教学的帮助

差异分析显示，出国所选专业与教师认为开展海外办学和留学对于教学的帮助差异显著（$\chi^2 = 59.91$，$p < 0.05$），说明开展海外合作办学在提高教学质量和师生跨文化交际能力方面有帮助（见图 3-17）。

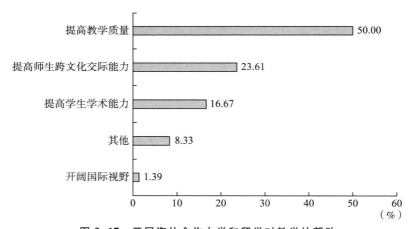

图 3-17　开展海外合作办学和留学对教学的帮助

8. 教育国际化给学校带来的好处

如图 3-18 所示，对于教育国际化给学校带来的好处，23.61% 的教师认为教育国际化能够使学校的科研产出提升，分别有 13.89% 的教师认为能够增加师生外出学习的机会、提高经济效益、提升国际知名度和开阔国际视野。

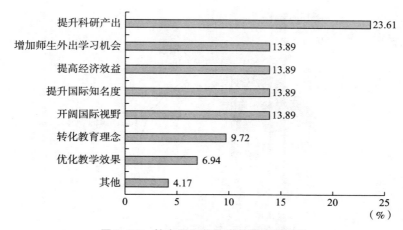

图 3-18　教育国际化给学校带来的好处

9. 近三年参加国际性的学术活动或赛事情况

调查结果显示，63%的教师近三年参加过国际性的学术活动或赛事，17%的教师表示未参加过，21%的教师表示不清楚（见图 3-19）。

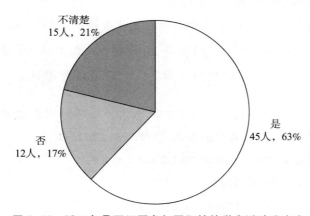

图 3-19　近三年是否组团参加国际性的学术活动或竞赛

10. 开展国际交流的意向国家

如图 3-20 所示，对于希望自己的学校和哪些国家开展国家交流这个问题，分别有 39%的教师希望与东盟国家的学校和其他国家的学校开展国际交流，18%的教师希望与中国的学校开展国际交流。

差异分析显示，与哪些国家开展国际交流对教师留学意愿有显著影响（$\chi^2 = 72.00$，$p<0.05$），如果与东盟国家学校和其他国家学校开展国

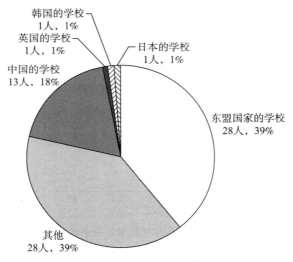

图 3-20　开展国际交流的意向国家

际交流，那么教师的留学意愿更高。

11. 教育国际化需要改进的地方

如图 3-21 所示，对于教育国际化需要改进的地方，30.56% 的教师认为教育对外开放的程度需要提高，19.44% 的教师认为网站和新媒体平台需要优化，12.50% 的教师认为需要改进规范管理制度。

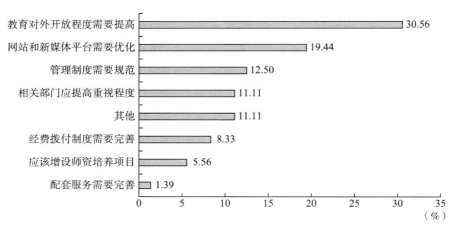

图 3-21　教育国际化需要改进的地方

第三节　研究结论与原因分析

根据问卷调查内容，我们得到老挝教师基本信息、对教育对外开放态度、留学意愿及其影响因素几方面的基本信息。

一　肯定教育对外开放的作用

在教育对外开放对学校办学是否有帮助的调查中，76%的教师认为教育对外开放对学校办学有帮助，出国所选专业与教师认为开展海外合作办学和留学对教学的帮助差异显著（$\chi^2 = 59.91$，$p < 0.05$），充分肯定开展海外合作办学和留学在提高教学质量方面的作用。在对于教育国际化需要改进的地方的调查中，30.56%的教师认为教育对外开放的程度还需要提高。这些都说明有相当比例老挝高等学校教师肯定教育对外开放对学校办学有提升作用，所以希望加强教育对外开放来提高学校的教学质量，培养学生跨文化交际能力。事实上，老挝高等院校通过教育对外开放，极大地改善了办学条件，扩大了高等教育的规模，提升了教育质量。

二　老挝高校教师出国留学意愿强

在所调查的教师中，有海外留学经历的教师占比85%，没有海外留学经历的教师占比15%。在所调查的教师中，有留学意愿的教师占比99%，而无留学意愿的教师仅占比1%。这说明，在所调查的老师中，几乎都有留学意愿，出国留学积极性高。这主要因为老挝教师职称、学历较低，于是老挝教育体育部提出2020年有博士学位的教师要占教师总数的10%（2011年，老挝高等院校里面博士学位教师比例仅为4%）。为了提高教师的学历和职称水平，提高大学教师的教学科研能力，老挝政府出台一系列政策，选拔派遣一些高校教师去国外高校攻读更高学位或者进修，如越南、泰国、中国等多个国家。老挝国立大学已经与多所国外高校签订了双边合作谅解备忘录。其中，老挝政府与中国政府的协议中就有国际留学生交流方面的内容。2002 年，中国和老挝两国签订了《2002—2005 年教育合作计划》，2011 年，中国和老挝又签订了《2011—2016 年教育合作计划》，计划里面都有中国为老挝学生提供奖学金赴中国留学的内容。同样，老挝也和越南、泰国、美国、日本等国家签署了协议，这些国家支持老挝高校教师前去进修深造。通过这样的方式，老挝高等院校教师的学历和职称水平得到快速提升。

三　留学国外首选经济类专业

根据教师海外留学意愿调查结果发现，老挝高校教师大多具有海外留学经历，且99%有继续出国留学需求，其中又以公办高校教师的意愿最为强烈。差异分析显示，留学目的地与学校的国际化程度差异显著（$\chi^2 = 64.46$，$p<0.05$），说明学校的国际化程度越高，教师越愿意去中国留学。目前老挝教师更愿意去中国留学，尤其是经济类专业对于老挝高校教师有极大的吸引力与借鉴之处。这一切都缘于我国教育对外开放水平的不断提高。因此，建议将国际合作重点从深化原有中老合作的高校转向开发未设中文课程的高校。教师海外留学意愿影响因素调查结果显示，老挝教师的出国留学意愿受外事工作规章制度、学校外语课程设置、政府主管部门政策与国际环境和学校赴外国访问情况的显著影响。而这一切跟老挝教育国际化水平及教育管理体系有密切关系。老挝教师较为倾向中文+专业（经济）的教学模式。所以，建议我国高校在向老挝进行留学政策宣介时可以重点塑造"中文+专业（经济）"品牌。

四　老挝教师的男女比例不均，总体呈现男多女少的情况

老挝有重男轻女的传统观念，因而女性受教育的机会很少。直到近代，女性的地位才有所提高。随着高等教育的发展与扩招，女性获得更多的受教育机会，能够上大学的女性也相对增加了很多，但是总体数量仍然很少，特别是硕士以上的女性就更少了，攻读到博士学位的女性则更少。往往只有取得高学历者才具备教师资格，加之高学历女性比例

小，所以高校教师队伍中出现男多女少的现象。

1986 年实行革新开放政策后，老挝加快了对外开放的步伐，通过国际合作争取国际资助，改善了办学条件。老挝高校与其他国家的同类高校建立起了密切的联系，与国外高校开展了教师培训、学术研究等交流项目。这些为老挝高等院校开展对外交流奠定了基础。本部分研究通过问卷调查的形式，从留学意愿、高校的国际化管理、留学意向专业、选择留学国家的影响因素、是否制定了外事工作规章制度等维度对老挝教师国际化情况与水平开展了调查研究。本研究使用 SPSS 26.0 对调查数据进行了管理与统计分析，并对所收集数据进行统计与差异分析，了解老挝教师国际化现状。我们发现，老挝高校教师中高学历人才较为欠缺，拥有博士研究生学历的教师占比远低于拥有硕士研究生和本科学历的老师，海外留学回来的教师比例高，占比 85%。老挝教师的男女比例不均，总体呈现男多女少的情况。老挝教师认为教育对外开放能促进国家高等教育发展，提升老挝高等教育水平，对教育对外开放持肯定意见。老挝自加入东盟后，与东盟国家教育交流密切，很多教师愿意赴东盟国家学校留学。此外，赴中国留学也受到老挝高等院校教师的青睐。

总之，老挝实行教育对外开放后，高校教师通过对外交流项目，提高了教学科研水平，高等教育水平逐渐提高，服务了国家的建设与发展。21 世纪，扩大教育开放依然是大势所趋，老挝需要结合本国高等教育国际化的发展实际，积极推进教育对外开放，大力引进国外优质的教育资源，由借鉴和改革转变为总结和创新，不断加强高等教育的内涵建设，走具有老挝特色的高等教育国际化路线。

第四章 ▸▸▸
基于学生的老挝高等教育国际化情况调查

高等教育国际化不仅包括吸引他国学生到本国留学，还应促进本国学生的外向性流动学习。老挝派遣留学生的历史可以追溯到封建统治时期。1975 年，老挝人民民主共和国成立，为改变老挝高等教育落后情况，实行高等教育对外开放，在老挝鼓励留学的高等教育政策下，出国留学的人数也实现了爆发式的增长，老挝与很多国家实现了留学生互派，拉开了老挝高等教育国际化的序幕。1989 年以后，老挝高等教育对外开放政策迎来国际化浪潮，高等教育国际化水平得到了质的提升。中老两国世代友好，2017 年 11 月习近平主席对老挝进行国事访问，在访问之际，习近平主席发表署名文章《携手打造中老具有战略意义的命运共同体》，两国全面战略合作伙伴关系不断拓展，人文交流日益活跃，老挝和中国在教育领域的交流合作也迎来了高峰。2019 年 4 月，中老两国最高领导人在北京签署了《中国共产党和老挝人民革命党关于构建中老命运共同体行动计划》重要文件。中老高等教育合作取得丰硕成果，据我国教育部发布的统计数据，2018 年在中国学习的老挝学生已达 14645 人，在东盟国家中排名第二，在全世界排名第八。为了了解老挝学生对高等教育国际化的态度，我们设计问卷，对老挝高等院校的学生进行了相关调查。

第一节　研究设计

本研究对不同性别、年龄、专业、学历背景的老挝学生对待高等教育国际化的态度进行了问卷调查。问卷内容涵盖老挝学生的基本信息、学生对出国留学的看法和学生对老挝高等教育现状的评价三个方面。本研究将所收集数据进行统计与差异分析，以老挝学生国际化教育研究现状为基础，分析不同性别、年龄、学历、专业学生之间的差异及对出国留学的不同看法与评价，以便我国在办学及课程设置方面更好地满足老挝学生需求，更好地实现中老高等教育的合作。为了方便学生理解所调查的问题，所有问卷内容都用汉语、老挝语两种语言呈现，确保所选择内容是他们的真实想法。

本研究使用 SPSS 26.0 对所获得的问卷数据进行管理与统计分析。在数据分析上，首先对各问卷指标进行描述统计，对点计而来的间断变量，继续使用 χ^2 检验来对这些指标在一些关键变量上的差异进行分析；但对于连续变量，则会根据关键变量是属于二分的还是多水平的，分别采用独立样本 t 检验或单因素方差分析进行统计检验。其中，独立样本 t 检验所依据的统计公式为 $t = \dfrac{(\overline{x_1} - \overline{x_2})}{S_{x_1 - x_2}}$；单因素方差分析所依据的统计公式是 $F = \dfrac{M_{Sb}}{M_{Sw}}$。最后，在统计结果的显著性水平上，当 p 值大于 0.05 时，说明假设检验的结果不具有显著性，代表在该指标上无显著统计学差异；当 p 值大于 0.01 且小于 0.05 时，说明假设检验的结果具有显著性，代表在该指标上有显著统计学差异；当 p 值大于 0.001 且小于 0.01 时，说明假设检验的结果高度显著，代表在该指标上有高度显著统计学差异；当 p 值小于 0.001 时，说明假设检验的结果极高度显著，代表在该指标上有极高度显著统计学差异。

第二节　调查结果分析

本研究采取网络问卷发放方式，通过微信广泛发放，同时也委托部分合作院校的教师、学生广泛宣传，共收到来自老挝高等学校学生的 228 份有效问卷。

一   调查对象基本信息

本次调查的 228 名参测者中，男生有 131 人，占比 57%，女生有 97 人，占比 43%。

从图 4-1 可知，此次调查的绝大部分参测者年龄为 20~25 岁，共有 148 人，占全部参测者的 65%；其次为 20 岁以下人员，共有 42 人，占比 18%。

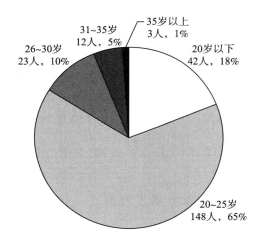

图 4-1   参测对象年龄分布情况

注：由于四舍五入取整数计，不够精确，百分比之和可能不是 100%，下同。

从图 4-2 可知，参加调查的学生中，多数为本科生，共有 117 人，占比达 51%；其次为专科生，共 79 人，占比 35%；也有部分研究生参加调查，占比 14%。

1. 专业

此次参加调查的学生中，学生学习专业涉及管理学、化工、计算机、教育类、经济、旅游、社会学、新闻、语言类等专业，学习新闻类专业的学生最多，占比 35%；其次是管理学类，49 人，占比 21%；学习语言类专业的学生占比 16%；学习经济类专业的学生占比 11%（见图 4-3）。

2. 海外经历

调查结果显示，参与本次调查的 228 人中，有 182 人有海外学习和

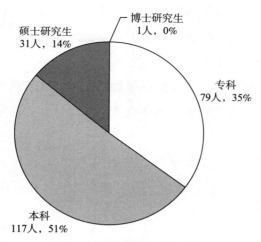

图 4-2 参测对象学历分布情况

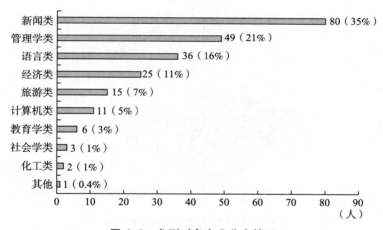

图 4-3 参测对象专业分布情况

生活经历，占比 80%；没有海外学习和生活经历的学生只有 46 人，占比 20%。在有海外学习和生活经历的 182 人中，有 3 人在泰国留学，1 人在柬埔寨留学，4 人在中国留学，其他人正在老挝国内就读，可以看出，老挝大学生有海外学习和生活经历的比例非常高。

3. 留学意愿

高等教育国际化已经成为各国交流和培养人才的主要趋势，通过留学，学生能接触国外先进教育理念和教学模式，提升自我，丰富履历和增强就业竞争力。

调查结果显示，参与本次调查的 228 人中，除 1 人外，其他均有出国留学的想法，可见老挝大学生出国留学意愿非常高。

4. 参加国际性活动

为了了解老挝高校学生参加国际性活动的方式和内容，本次调查列举了国际交换生、留学深造、文体竞赛、学术论坛、志愿者等项目作为选项。

如图 4-4 所示，选择留学深造的学生 86 人，占比 38%；因参加各种文体竞赛出国的学生占到 19%；参加其他国际性活动的学生比例也很高，占到 29%。

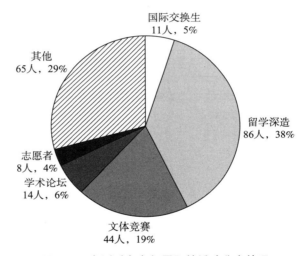

图 4-4　参测对象参加国际性活动分布情况

数据结果显示，此指标除在性别（$\chi^2 = 3.606$，$p = 0.607$）上无显著差异外，调查对象在年龄（$\chi^2 = 22.431$，$p < 0.001$）、学历（$\chi^2 = 20.538$，$p < 0.01$）上均存在显著差异。相比于其他国际性活动，所有年龄段、专科至博士研究生学历参测者均在"留学深造"上参与最多。但 30 岁以下年龄、专科及本科学历参测者多参加的是"其他"国际性活动，30 岁以上年龄、硕士研究生及博士研究生学历参测者多参加的是"学术论坛"这类国际性活动。不同年龄段学生参与国际性活动的类型有差异。

二　调查对象对出国留学的看法

1. 留学目的地

美国、英国、德国、法国等传统留学目的地有悠久的留学教育历史，教育质量高，有完整系统的留学教育政策，深受老挝留学生青睐。近年来，老挝积极开展与中国、越南、日本等国家及国际组织的高等教育合作，派遣留学生留学，助力老挝高等教育的发展。为了了解老挝学生对留学目的地的意愿，本研究进行了留学目的地的调查。

由图4-5可知，参与本次调查的228人中，有70%的学生将中国作为其留学目的地，其次是美国、澳大利亚等国，愿意到中国留学的学生最多。

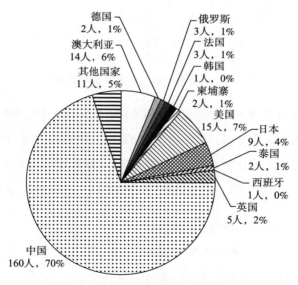

图4-5　调查对象出国留学目的地分布

2. 留学期望专业

为了了解老挝学生出国留学期望专业，本次调查列举了管理学类、经济类、教育学类、语言类、计算机类等专业作为选项。

从图4-6可以看出，228人中有22%的学生选择学习语言，如果到中国留学，往往选择学习汉语专业。其次是经济类专业，这是一个学科统称，涵盖范围广、涉及专业多，包括金融、会计、市场营销等。可能随着老挝经济增长，经济类人才的市场需求量越来越大，就业前景广阔。

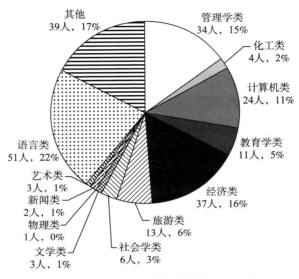

图 4-6　调查对象出国留学期望专业分布

另外，通过对老挝学生留学收获的调查发现，44.30% 的学生最希望开阔国际视野，其次是学会一种新的语言技能，占比 16.67%，选择结交各个国家朋友的比例最低（见图 4-7）。数据结果显示，调查对象此指标在性别（$\chi^2 = 6.565$，$p = 0.363$）、年龄（$\chi^2 = 12.453$，$p = 0.053$）、学

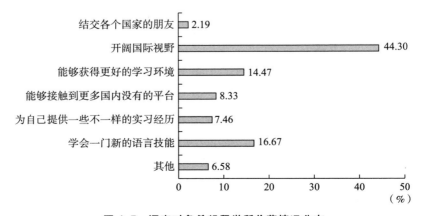

图 4-7　调查对象希望留学所收获情况分布

历（$\chi^2 = 12.796$，$p = 0.053$）及有无海外学习及生活经历（$\chi^2 = 7.461$，$p = 0.280$）上均无显著差异。

3. 留学原因

学生出国的影响因素有多种，包括家庭、学校和职业背景，也和各国的高等教育发展水平和学科专业密切相关。

研究发现，老挝学生最看重的因素是教育资源的丰富程度，占比26.32%；其次是国家科学技术领先程度，占比25.88%；比例最低的为学费低、物价低，只占比2.19%（见图4-8）。研究结果显示，调查对象此指标在性别（$\chi^2 = 11.156$，$p = 0.193$）、年龄（$\chi^2 = 12.811$，$p = 0.119$）、学历（$\chi^2 = 12.811$，$p = 0.119$）及有无海外学习及生活经历（$\chi^2 = 4.592$，$p = 0.800$）上均无显著差异。

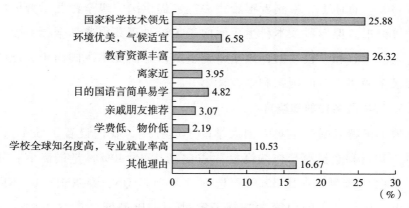

图4-8　调查对象去某国留学原因分布

4. 留学经费

为了了解老挝学生对留学经费的期望，我们设置了6个选项。调查结果显示（见图4-9），选择最多的是"只愿意去能够提供国家级全额奖学金的国家和学校读书"，占比57.46%；有接近18%的学生选择"无论是否获得奖学金，只想去自己喜欢的国家和学校读书"；比例最低的选项是"只要能去读书，愿意承担留学应付的费用"，只有0.88%，也就是说，228名学生中只有2名学生愿意承担留学费用。

数据结果显示，调查对象此指标仅在学历（$\chi^2 = 13.751$，$p < 0.01$）

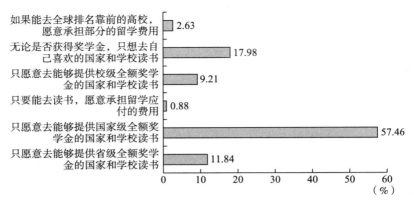

图 4-9　调查对象对出国留学经费预期情况分布

上存在显著差异，在性别（$\chi^2 = 3.284$，$p = 0.656$）、年龄（$\chi^2 = 8.890$，$p = 0.114$）及有无海外学习及生活经历（$\chi^2 = 3.604$，$p = 0.608$）上则无显著差异。总体上，参测者很希望去能够提供国家级全额奖学金的国家和学校读书。但专科及本科生更倾向于无论是否获得奖学金，只想去自己喜欢的国家和学校读书，硕士研究生及博士研究生更倾向于去能够提供校级全额奖学金的国家和学校读书。

5. 对中国高校的知晓度

为了了解老挝学生对中国大学的了解程度，我们设置了 5 个选项。选项"知道和老挝有合作的高校"占比高达 36.40%，是最高值；其次是"其他"选项，占比 35.96；选项"只要是 QS、泰晤士、US NEWS 世界大学排行榜中的中国大学都了解过"占比最低，只有 4.82%（见图 4-10）。

数据结果显示，调查对象此指标仅在年龄（$\chi^2 = 14.228$，$p < 0.01$）上存在显著差异，在性别（$\chi^2 = 4.602$，$p = 0.331$）、学历（$\chi^2 = 6.625$，$p = 0.157$）及有无海外学习及生活经历（$\chi^2 = 9.492$，$p = 0.05$）上则无显著差异。其中，30 岁以下的参与者更倾向于选择"其他"选项，30 岁及以上的人多知道和老挝有合作关系的高校。

6. 赴中国留学政策知晓度

从图 4-11 可以看出，"只知道中国为留学生提供各级奖学金"的学生最多，占比达到 35.09%；其次为"知道赴中国留学的奖学金、签

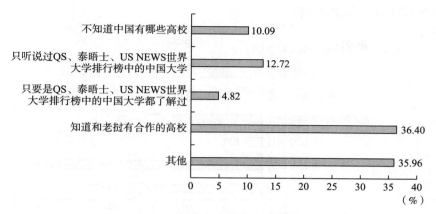

图 4-10 调查对象对中国高校的了解情况分布

证、保险等各类政策"的学生，占比达 31.14%；"什么政策都不知道"的学生占比最低，只有 3.51%。这说明老挝大多数学生了解赴中国留学的政策，尤其关注留学生奖学金、签证事宜。

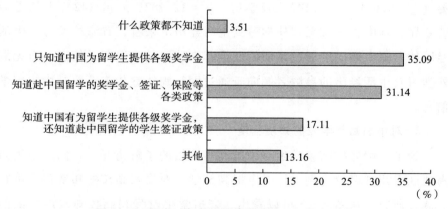

图 4-11 调查对象对相关留学政策了解程度分布

数据结果显示，调查对象此指标在性别（$\chi^2 = 8.796$，$p = 0.066$）、年龄（$\chi^2 = 3.667$，$p = 0.453$）、学历（$\chi^2 = 8.513$，$p = 0.074$）及有无海外学习及生活经历（$\chi^2 = 7.122$，$p = 0.130$）上均无显著差异。

7. 赴中国留学渠道

为了了解老挝学生赴中国留学的信息来源，我们设置了 7 个有关留学渠道的选项。从图 4-12 可以看出，留学渠道占比最高的是亲朋好友推荐，占比 27.63%；其次是电视和网络宣传，占比 23.25%。绝大多数学生都关注中国高校情况。

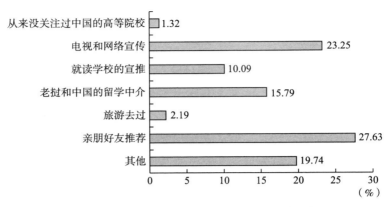

图 4-12　调查对象获取中国留学信息渠道分布

数据结果显示，调查对象此指标在有无海外学习及生活经历（$\chi^2 =$ 15.576，$p<0.05$）上有显著差异，在性别（$\chi^2 = 8.306$，$p = 0.217$）、年龄（$\chi^2 = 9.621$，$p = 0.142$）及学历（$\chi^2 = 12.982$，$p = 0.142$）上均无显著差异。其中，从有无海外学习及生活经历上来看，有海外学习及生活经历的参测者倾向于通过亲朋好友推荐来获取赴中国留学信息，而无海外学习及生活经历的参测者倾向于通过网络媒体宣传来获取赴中国留学信息。

8. 对中国高等学校的知晓程度

为了了解老挝高校学生对中国高等院校的了解情况，我们以中国西南地区贵州省高校为例，针对老挝高校学生对贵州高校的知晓程度进行了调查研究。从图 4-13 可以看出，老挝学生对贵州高校知晓度最高的为贵州大学，占比 33.33%，其次为贵州民族大学，占比 18.86%，铜仁学院位列第三，占比 12.28%，第四位为贵州师范大学，占比 11.84%。调查结果与贵州上述高校的留学生数量基本吻合，也反映出贵州省高校的留学生发展教育水平。

三　调查对象对老挝高等教育现状的评价

1. 老挝高等教育需要改进的方面

从图 4-14 可以看出，25.00% 的老挝学生认为需要提高老挝高等教

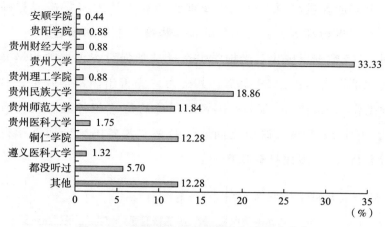

图 4-13 调查对象对贵州高校知晓程度分布

育与国际的接轨程度，21.05%的学生认为需要提高教师业务能力，11.84%的学生认为政府机关应提高对高等教育的重视程度。认为应提高高校科研水平的比例最低，对图书馆资源配置的关注度也不高。

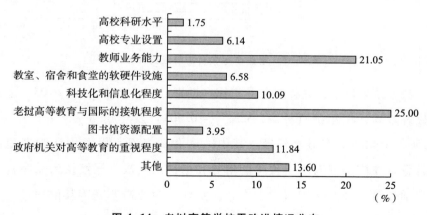

图 4-14 老挝高等学校需改进情况分布

数据结果显示，调查对象此指标在性别（$\chi^2 = 18.890$，$p < 0.05$）及学历（$\chi^2 = 21.368$，$p < 0.01$）上均存在显著差异，而在年龄（$\chi^2 = 9.905$，$p = 0.272$）上不存在显著差异。其中，从性别来看，男性倾向于认为老挝高等学校需要在"教师业务能力"上多加改进，而女性认为需要在"老挝高等教育与国际的接轨程度"上多加改进；而从学历来看，专科及本科生倾向于认为需要在"老挝高等教育与国际的接轨

程度"上多加改进，硕士研究生及博士研究生认为需要在"教师业务能力"及"老挝高等教育与国际的接轨程度"上多加改进。

图 4-15 数据反映出，老挝学生选择"加强对本土教师的培养和培训"的比例最高，占比 29.39%；其次为"完善出国留学政策，做好出国留学工作"，占比 24.56%；排名第三位的是"与各国高校进行联合培养"，占比 17.54%；选项比例最低的是"为各国来老挝办学提供各种支持和帮扶"，占比只有 2.63%。

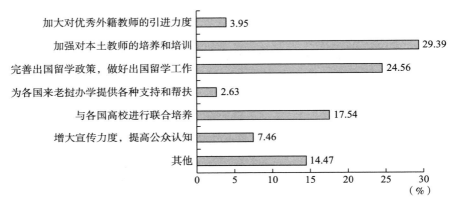

图 4-15 老挝高等教育需改进情况分布

数据结果显示，调查对象此指标在性别（$\chi^2 = 15.578$，$p < 0.05$）上存在显著差异，在年龄（$\chi^2 = 5.325$，$p = 0.503$）及学历（$\chi^2 = 9.336$，$p = 0.156$）上均不存在显著差异。其中，从性别来看，男女均认为老挝高等教育首先应加强对本土教师的培养和培训。其次，男性认为需完善出国留学政策，做好出国留学工作，而女性认为还需要完善其他项目。

2. 对老挝高等教育满意度

从图 4-16 可以看出，13.16% 的学生对老挝高等教育非常满意，64.04% 的学生对老挝高等教育满意，20.61% 的学生对老挝高等教育不满意，2.19% 的学生对老挝高等教育非常不满意。总的来说，大多数学生对老挝高等教育是比较满意的。

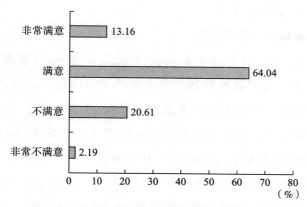

图4-16　调查对象对老挝高等教育满意度分布

数据结果显示[①]，调查对象对该指标的满意度在性别（$t=0.171$，$p=0.864$）、年龄 $[F(3,224)=1.143，p=0.333]$ 上均无显著性差异，但在学历 $[F(2,225)=4.324，p<0.05]$ 上存在显著差异，其中，本科生的满意度显著低于专科生。

3. 对师资的满意度

调查发现，68.42%的学生对老挝师资情况是满意的，26.32%的学生认为老挝师资情况一般，只有5.26%的学生不满意老挝的师资情况。

数据结果显示，调查对象此指标在性别（$t=-0.519$，$p=0.604$）、年龄 $[F(3,224)=1.637，p=0.182]$ 及学历 $[F(2,225)=2.063，p=0.129]$ 上均无显著差异。

4. 对教学设施满意度

调查发现，43.86%的学生认为老挝高等教育硬件设施一般，39.47%的学生对老挝现有高等教育硬件设施表示满意，只有16.67%的学生对老挝高等教育硬件设施不满意。

数据结果显示，调查对象此指标在性别（$t=1.479$，$p=0.141$）、年龄 $[F(3,224)=0.859，p=0.463]$ 和学历 $[F(2,225)=0.721，p=$

---

① 鉴于35岁以上和博士研究生的样本量过小，无法进行方差分析检验，在本研究中分别将这两组与31—35岁组和硕士研究生组进行合并，生成新的30岁以上组和硕士研究生及以上组，以便进行数据分析。下文同此处理，不再赘述。

0.488〕上均无显著差异。

5. 对教师学术水平满意度

调查发现，46.05%的学生认为老挝高校教师的学术水平一般，39.47%的学生对老挝高校教师的学术水平表示满意，只有14.47%的学生对老挝高校教师的学术水平表示不满意。

数据结果显示，调查对象此指标在性别（$t = 2.698$，$p < 0.01$）及学历〔$F_{(2,225)} = 5.864$，$p < 0.01$〕上有显著差异。其中，男生对教师学术水平的满意度显著比女生低，本科及以上的学生对教师学术水平的满意度均显著低于专科生，在年龄〔$F_{(3,224)} = 1.640$，$p = 0.181$〕上无显著差异。

6. 对毕业后就业与发展的满意度

调查发现，40.79%的老挝学生对毕业后就业和发展的满意度一般，31.58%的老挝学生对就业和发展满意，27.63%的老挝学生对就业和发展不满意。

数据结果显示，调查对象此指标在性别（$t = 2.674$，$p < 0.01$）、年龄〔$F_{(3,224)} = 2.664$，$p < 0.05$〕和学历〔$F_{(2,225)} = 4.783$，$p < 0.01$〕上均有显著差异。其中，男生在毕业后对就业与发展的满意度显著比女生低；30岁以上学生在毕业后对就业与发展的满意度显著低于30岁及以下学生；本科及以上的学生，在毕业后对就业与发展的满意度均显著低于专科生。

7. 国际化水平

从图4-17可以看出，46.93%的学生认为老挝高等教育国际化水平一般，27.63%的学生认为老挝高等教育国际化水平比较高，15.35%的学生认为老挝高等教育国际化水平非常高，9.65%的学生认为老挝高等教育国际化水平比较差，0.44%的学生认为老挝高等教育国际化水平差。总体来说，学生对老挝高校的国际化水平评价一般。这是因为，老挝有不少学生有过出国学习与生活的经历，他们的国际视野比较开阔。当这些学生回国后，由于对比效应的存在，他们会对本国教育产生更高的期待，从而认为老挝高校的国际化水平一般。此外，高等教育的国际化包含学生的国际化、教师的国际化、课程的国际化等多方面的内容。调查发现，虽然老挝 80%的学生有海外学习和生活经历，但到老挝来留学的学生比例、国际课程的比例以及教师国际学术活动指标等都不高，这些也证明老挝高等院校国际化程度不高，与本研究调查结果一致。

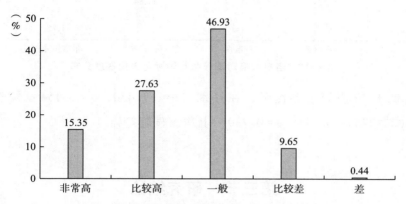

图 4-17　调查对象对老挝高校国际化水平的认知分布

数据结果显示，老挝高校国际化水平仅在性别（$t = 1.006$，$p = 0.316$）上无显著差异，在年龄 $[F_{(3, 224)} = 3.308$，$p < 0.05]$ 及学历 $[F_{(2, 225)} = 6.271$，$p < 0.01]$ 上均存在显著差异。其中，20—25 岁参测者及 30 岁以上参测者，其所评定的老挝高校国际化水平均显著低于 20 岁以下参测者；本科及以上的学生所评定的老挝高校国际化水平均显著低于专科生。

8. 重视程度

从图 4-18 可以看出，50.88%的学生认为老挝政府重视高等教育国际化，35.53%的学生认为老挝政府非常重视高等教育国际化，11.84%的学生认为老挝政府不重视高等教育国际化，只有 1.75%的学生认为老挝政府非常不重视高等教育国际化。

数据结果显示，老挝政府对高等教育国际化重视程度仅在年龄上有显著差异 $[F_{(3, 224)} = 2.646$，$p < 0.05]$。其中，20 岁以下、20—25 岁及 26—30 岁参测者所评定的老挝政府对高等教育国际化重视程度均

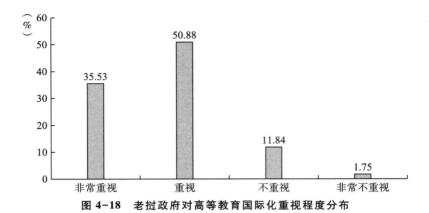

图 4-18　老挝政府对高等教育国际化重视程度分布

显著低于 30 岁以上参测者，在性别（$t = -1.430$，$p = 0.154$）及学历 [$F (2，225) = 0.315$，$p = 0.730$] 上均无显著差异。

第三节　研究结论

根据问卷调查内容，我们得出以下关于老挝学生基本信息、留学选择及评价等方面的基本信息。

1. 攻读高学位的学生更加关注是否获得奖学金

调查发现，在奖学金对老挝学生赴中国留学的吸引力方面，调查对象在学历（$\chi^2 = 13.751$，$p < 0.01$）上存在显著差异。专科及本科生更倾向于无论是否获得奖学金，只想去自己喜欢的国家和学校读书，而硕士研究生及博士研究生更倾向于去能够提供校级全额奖学金的国家和学校读书。此现象缘于硕士研究生与博士研究生对经济现状及条件的需求高于本科生。因此，建议在本科生政府奖学金设置上，可以适当降低双一流高校的奖学金标准，并适当提高西部特别是民族地区高校的奖学金标准。

2. 老挝学生关注老挝高等院校提高教学水平，尤其是提高教师的业务能力问题

调查发现，学生选择"加强对本土教师的培养和培训"的比例最高，占 29.39%，25.00% 的老挝学生认为需要提高老挝高等教育与国际的接轨程度，21.05% 的学生认为需要提高教师业务能力，认为需要"与各国高校进行联合培养"的学生占比 17.54%。老挝高等教育的师资一般，许多教师缺乏实践经验，更缺乏高层次的教育，教师自身的科研水平、知识水平不高，自然科学方面的人才、各个学科高层次的人才均严重匮乏。但目前老挝的高等教育不具备快速提升教师素质的能力，为了改变这种情况，老挝政府出台一系列政策，选拔派遣一些高校教师去国外高校攻读更高学位或者进修，比如中国、越南、泰国等多个国家，通过这样的方式来改善老挝高等院校的师资结构。

3. 老挝学生关注教师知识结构的国际化水平

根据调查结果，从性别来看，男性倾向于认为老挝高等学校需要在"教师业务能力"上多加改进，而女性认为需要在"老挝高等教育与国际的接轨程度"上多加改进；而从学历来看，专科及本科生倾向于认为需要在"老挝高等教育与国际的接轨程度"上多加改进，硕士研究生及博士研究生认为需要在"教师业务能力"及"老挝高等教育与国际的接轨程度"上多加改进。由此可见，老挝学生对教师业务能力和老挝高等教育与国际接轨程度等软实力问题的不满意程度远高于教室、宿舍、图书馆等硬实力问题。这都跟老挝当代教师业务水平及教育国际化水平不高有关。因此，应努力提升高等教育国际化水平并重点关注教师的业务能力。

4. 网络媒体宣传和熟人推荐是老挝学生获取留学资源的主要渠道

电视和网络宣传、亲朋好友推荐是老挝学生获取留学资源的主要渠道。老挝学生在获取留学信息的渠道上，对电视、网络和人际传播的接受度最高。且有海外学历及生活经历的参测者倾向于通过亲朋好友推荐来获取留学信息，而无海外学习及生活经历的参测者倾向于通过电视和网络宣传来获取留学信息。以中国西南地区高校中贵州省高校为列，调查发现老挝学生对贵州高校的知晓率较高，如贵州大学、贵州民族大学、铜仁学院、贵州师范大学等。这几所学校老挝留学生人数多，承办东盟国家教育交流活动多，其中贵州大学是 HSK 考点。这说明调查对象对高校的认知情况与学校老挝学生人数、东盟教育交流活动承办情况和 HSK 考点设置情况呈正相关。

5. 老挝学生已经将中国作为重要的留学目的地

中国是老挝学生留学的重要目的地。研究发现，70% 的老挝学生将中国作为其留学的期望地，这主要因为中国高等教育发展迅速，高等教育实力和国际竞争力逐渐增强，国家出台相关政策，大力发展来华留学教育。我国 2000 年的《高等学校接受外国留学生管理规定》《国家中长期教育改革和发展规划纲要（2010—2020 年)》强调，进一步扩大外国留学生规模，重点资助发展中国家学生，优化来华留学人员结构，不断提高来华留学教育质量，打造"留学中国"品牌。此外，中老两国全面战略合作伙伴关系不断拓展，人文交流日益活跃，老挝和中国在教育领域的交流合作也迎来了高峰，因此越来越多的老挝学生选择到中国留学。据不完全统计，2019 年，老挝赴中国留学的学生达到了 2 万多人次。

6. 老挝学生海外学习机会多，学习经历丰富

调查发现，老挝学生有海外学习和生活经历的比例非常高。老挝作为东盟成员国，很多学生都有出国交流项目。此外，美国、日本、欧盟国家也有不少的针对学生的交流项目，这些项目作为教育对外援助部分，增加了学生出国的机会。中国每年也有中国语言交流合作中心的"汉语桥"夏令营项目，提供到中国来短期学习交流的机会。此外，问卷主要采用微信广泛发放，同时也委托部分合作院校的教师、学生广泛宣传，这部分学生和老师都有海外求学和生活经历。这是否导致有海外求学和生活经历的学生参与此次调查的比例高，从而得出老挝学生有海外学习和生活经历的比例非常高的结果，不得而知。因此，需要对发放问卷的方式、渠道和发放对象进一步核实，确保调查结果的准确性。

本研究通过发放问卷方式对老挝学生的基本信息、学生对出国留学的看法和学生对老挝高等教育现状的评价三个方面开展老挝高等教育国际化情况调查，使用 SPSS 26.0 对所收集到的 228 份有效问卷数据进行统计与差异分析，了解基于学生的老挝高等教育国际化情况。调查发

现，老挝学生海外学习和生活经历丰富，多数学生都愿意出国留学。学生选择出国留学目的地和院校时主要关注教育资源的丰富程度、国家科学技术领先程度、是否提供国家级全额奖学金。老挝学生获取留学资源的渠道主要有亲朋好友推荐和网络媒体宣传等。老挝学生认为老挝政府重视高等教育的国际化，但是也提出需要提高老挝高等院校教学水平，尤其是提高教师的业务能力。老挝受历史因素的制约，高等教育发展相对滞后，国家的高等教育起步较晚，导致目前国内高等教育发展步伐不快，尤其是教师教学科研水平有待提高。老挝通过开展国际教育合作，在老挝教育系统中引入国际标准，使各类教育系统化。因此，在促进老挝高等教育发展中，应该加强与其他国家的交流，提高国际交流的水平，鼓励高校教师去其他国家高校攻读更高学位和深造，通过学习借鉴其他高校优秀的教学和管理经验，不断提升自身综合素质和能力水平，满足学生对高等教育的需求。

第五章 ▸▸▸
中国西南三省区与老挝高等教育的合作与交流

老挝是东盟成员国，又是共建"一带一路"国家，与中国建立了全面战略合作伙伴关系，借助中国—东盟教育交流周、中国—东盟职业教育联展暨论坛等平台，中老双方在师生交流、语言互学、联合科研、双向办学等方面的合作取得了长足进展，双方在互补性上具备广阔的合作空间和合作基础。2021年12月中老铁路开通，中国与老挝关系进入全方位发展新阶段，为中国与老挝教育交流合作发展带来了新机遇。

中国西南地区与老挝山水相连，双方各方面交往密切，高等教育交流越来越多。在国家层面，中国外交部、教育部制定全国性的对老挝外交、教育政策，同时也负责政策的执行。例如，2002年老中双方签订了《2002—2005年教育合作计划》，2005年签署《2005—2010年教育合作计划》，2012年签署《2011—2016年教育合作计划》。2014年，中国驻老挝大使馆在老挝国立大学设立了"中国大使奖学金"，资助老挝品学兼优但家庭贫困的学生到中国留学。2014年5月19日，中国国家留学基金管理委员会及中国21所大学在老挝国立大学举办中国高等教育展，参展的21所中国院校都设有吸引老挝学生来华留学的各类奖学金。2017年3月，中国驻老挝大使馆文化处、老挝万象中华理事会、老挝华文教育联合会及万象寮都公学连续两年在寮都公学联合举办"中国职业教育及高等教育展览会"，吸引了大批有志赴中国留学的老挝学生前来观展和咨询。

在地方层面，中国西南地区的云南省、贵州省和广西壮族自治区的高校与老挝高等院校有着广泛的交流合作，成为中国与老挝教育合作的重要力量。因此，本书将以中国西南地区云南省、贵州省和广西壮族自治区三省区高等教育为例，梳理我国与老挝高等教育合作历史、双方交流合作的条件，并提出进一步深化交流合作的建议，以更好发挥各自资源的相对优势，实现资源互补，满足中老高等教育发展的需要，促进双方高等教育的发展。

第一节　西南三省区高等教育概况

一　云南省高等教育情况

云南省位于我国西南地区，省会昆明。东部与贵州、广西为邻，北部以金沙江为界与四川省隔江相望，西北部紧依西藏，西部与缅甸接壤，南部和东南部分别与老挝、越南毗邻。云南省总面积 39.41 万平方千米，占全国总面积的 4.1%，居全国第 8 位。云南是我国边境线最长的省份之一，有 8 个州（市）的 25 个边境县分别与缅甸、老挝和越南交界。云南省是中国面向南亚、东南亚的辐射中心，地处中国与东南亚、南亚接合部，入选国家自由贸易试验区。云南省高等教育涵盖普通本科教育、专科高等职业教育、研究生教育、继续教育等多种形式，形成了以公办高校为主、民办高校为重要力量的高等教育体系。依托资源和区位等优势，云南省围绕"一带一路"建设、人类命运共同体构建、国家安全战略和云南发展"三个定位"等国家和区域发展重大战略需要，开展战略性、前瞻性和纵深性研究，培育产出一批高质量成果。

（一）云南高等学校数量、类型和区域分布

第一，从学校数量来看，截至 2019 年底，云南省有高等学校 83 所，其中普通高等学校 81 所，成人高等学校 2 所。其中，公办高校 61 所，民办高校 22 所。[①]

第二，从行业类型来看，云南省有综合、师范、民族类高校 29 所，

---

① 杨阳、赵怀清、马玉、王磊、张泽：《云南省高等教育布局结构现状与优化思路》，《中国多媒体与网络教学学报》（上旬刊）2021 年第 6 期。

占云南省高校总数的34.94%；工科、农、林类高校24所，占云南省高校总数的28.92%；医学类高校11所，占云南省高校总数的13.25%；语言、财经、政法类高校14所，占云南省高校总数的16.87%；体育类高校1所，占云南省高校总数的1.20%；艺术类高校4所，占云南省高校总数的4.82%（见表5-1）。

表5-1　云南省各类高等学校数量与占比

单位：所，%

高校类型（按行业）	数量	占比
综合、师范、民族	29	34.94
工科、农、林	24	28.92
医学	11	13.25
语言、财经、政法	14	16.87
体育	1	1.20
艺术	4	4.82

第三，从区域分布来看，昆明市、玉溪市、楚雄州、曲靖市所在的滇中地区高校的数量为63所，包括云南大学、曲靖医学高等专科学校、楚雄医药高等专科学校等；红河州、文山州所在的滇东南地区高校的数量为5所，包括红河学院、文山学院、云南锡业职业技术学院等；大理州、保山市、德宏州所在的滇西地区高校的数量为8所，包括大理大学、滇西应用技术大学等；丽江市、怒江州、迪庆州所在的滇西北地区高校的数量为2所，包括丽江师范高等专科学校（2024年5月改为丽江师范学院）、丽江文化旅游学院；普洱市、西双版纳州、临沧市所在的滇西南地区高校的数量为3所，包括云南农业大学热带作物学院、普洱学院等；昭通市所在的滇东北地区高校的数量为2所，包括昭通学院、昭通卫生职业学院（见表5-2）。

表5-2　云南省高等学校区域分布

单位：所

区域	市（州）	数量
滇中地区	昆明市、玉溪市、楚雄州、曲靖市	63

续表

区域	市（州）	数量
滇东南地区	红河州、文山州	5
滇西地区	大理州、保山市、德宏州	8
滇西北地区	丽江市、怒江州、迪庆州	2
滇西南地区	普洱市、西双版纳州、临沧市	3
滇东北地区	昭通市	2

（二）云南高等教育发展规模、层次结构和学科专业结构

首先，从发展规模来看，2015—2019 年云南省高等教育毛入学率呈逐年升高趋势（见表 5-3）。

表 5-3 2015—2019 年云南省高等教育毛入学率

单位：%

年份	高等教育毛入学率
2015	30.2
2016	32.6
2017	37.7
2018	41.73
2019	46.05

其次，从层次结构来看，云南省所培养的博士研究生、硕士研究生、本科生数量呈逐年上升趋势，比例结构也逐步趋向合理化（见表 5-4）。

表 5-4 2015—2019 年云南省高等教育层次结构

单位：人

年份	博士研究生	硕士研究生	本科生	各级学生比
2015	2333	29672	385948	1：12.7：165.4
2016	2473	30568	401259	1：12.4：162.3
2017	2721	33888	413831	1：12.5：152.1
2018	3090	38017	440003	1：12.3：142.4
2019	3537	43113	470776	1：12.2：133.1

最后，云南省高等教育的学科专业结构，可以从如下四个维度呈现：一是云南省 2019 年本科开设数量最多的前十类专业（见表 5-5）；二是云南省 2019 年专科开设数量最多的前十类专业（见表 5-6）；三是云南省 2019 年本科在校生人数最多的前十类专业（见表 5-7）；四是云南省 2019 年专科在校生人数最多的前十类专业（见表 5-8）。

表 5-5　云南省 2019 年本科开设数量最多的前十类专业

单位：个

专业类别	开设高校数	开设专业数
工商管理类	30	109
计算机类	27	96
设计学类	27	93
旅游管理类	25	38
体育学类	25	44
中国语言文学类	25	53
外国语言文学类	24	115
公共管理类	24	43
管理科学与工程类	21	39
教育类	21	60

表 5-6　云南省 2019 年专科开设数量最多的前十类专业

单位：个

专业类别	开设高校数	开设专业数
财务会计类	39	62
计算机类	37	93
艺术设计类	35	88
市场营销类	29	38
旅游类	28	48
建设工程管理类	28	58
教育类	26	108
文秘类	24	24
护理类	23	37
电子商务类	22	22

　　云南省学习汉语言文学专业的本科学生数量最多，其次是会计学，再次是财务管理；专科专业排名分别为护理学、学前教育、会计学等。这与老挝学生留学选择专业有一定的契合度。这为开展与老挝教育交流合作提供了师资和学生交流资源。

表 5-7　云南省 2019 年本科在校生人数最多的前十类专业

专业名称	布点（个）	在校生数（人）	该专业学生数占比（%）
汉语言文学	21	22073	4.7
会计学	19	21989	4.7
财务管理	21	15095	3.2
临床医学	5	14150	3.0
学前教育	20	13073	2.8
小学教育	17	12236	2.6
英语	24	12058	2.6
计算机科学与技术	24	11287	2.4
法学	15	10277	2.2
护理学	9	9315	2

表 5-8　云南省 2019 年专科在校生人数最多的前十类专业

专业名称	布点（个）	在校生数（人）	该专业学生数占比（%）
护理学	23	37856	9.6
学前教育	22	28085	7.1
会计学	34	24875	6.3
工程造价	26	13143	3.3
临床医学	7	10274	2.6
口腔医学	7	7456	1.9
计算机应用技术	21	6387	1.6
财务管理	19	6334	1.6
计算机网络技术	17	6309	1.6
医学影像技术	12	6288	1.6

（三）云南高等院校东南亚南亚小语种发展规模和学科专业情况

　　2012 年，云南省教育厅、省财政厅、省人民政府外事办公室联合签发了《关于加快云南省高等学校小语种人才培养工作的实施意见》，从小语种师资队伍、小语种学习环境、小语种人才培养模式、人才培养机制和体系等四个方面提出建设任务，并提供经费和政策支持，鼓励各高校开办东南亚南亚小语种专业。2013 年，《云南省教育厅关于进一步加快东南亚南亚语种人才培养工作的指导意见》明确提出，将通过 3 年努力，力争全省小语种在校学生规模达到 10 万人，学习东南亚南亚小语种学生达到在校学生人数的 20%。在政策的推动下，云南省小语种人才培养进入一个全面发展时期。从办学条件看，云南省已建设有数十个东南亚南亚小语种公共外语教研室，全省相关图书资料已增加至 3 万多册（件），部分高校建起了小语种数据库和同声传译室、多媒体教室，安装了对象国卫星电视接收设备。据不完全统计，截至 2017 年，云南省内本科院校的小语种专业分布情况如表 5-9 所示，云南省高职院校小语种专业分布情况如表 5-10 所示。

表 5-9 云南省本科院校小语种专业分布情况

序号	学校	专业
1	云南民族大学	泰语、缅甸语、越南语、老挝语、柬埔寨语、马来语、印尼语
2	云南师范大学	越南语、泰语、缅甸语、老挝语、柬埔寨语
3	滇西科技师范学院	应用缅甸语、应用泰语、应用越南语、应用老挝语（专科）
4	云南大学	缅甸语、泰语、越南语
5	云南财经大学	越南语、泰语、缅甸语
6	云南农业大学	越南语、泰语
7	西南林业大学	泰语、越南语
8	玉溪师范学院	泰语、越南语
9	大理大学	泰语、越南语
10	文山学院	越南语、泰语
11	保山学院	缅甸语、应用外语（缅甸语方向）（专科）
12	普洱学院	应用英语（英语兼泰语）、应用英语（英语兼老挝语）（专科）
13	云南大学滇池学院	越南语、泰语
14	云南师范大学商学院	泰语、越南语
15	昆明理工大学	泰语
16	昆明学院	泰语
17	曲靖师范学院	泰语

续表

序号	学校	专业
18	楚雄师范学院	泰语
19	云南师范大学文理学院 *	泰语
20	昆明医科大学海源学院	泰语
21	昆明理工大学津桥学院	泰语
22	云南经济管理学院	应用泰语（专科）

* 2021年转设为昆明文理学院。

资料来源：根据云南省各高校网站整理而得。

表5-10　云南省高职院校小语种专业分布情况

序号	学校	专业
1	昆明冶金高等专科学校	应用越南语、应用泰语、应用外语（老挝语）方向
2	云南司法警官职业学院	应用越南语、应用泰语、应用外语（缅甸语）方向
3	云南外事外语职业学院	应用泰语、应用越南语
4	云南国防工业职业技术学院	应用泰语
5	云南旅游职业学院	应用泰语
6	云南经贸外事职业学院	应用泰语
7	云南开放大学	应用泰语
8	德宏师范高等专科学校	应用外语（缅甸语）
9	云南商务职业学院	应用马来语
10	云南三鑫职业技术学院	应用越南语
11	云南农业职业学院	应用泰语
12	云南交通职业技术学院	应用泰语

资料来源：根据云南省各职业院校网站整理得出。

（四）云南高等教育对外开放情况

1. 留学生交流情况

1986年，云南省政府就开始划拨专项经费支持高层次人才培养，在全国首先设立了"云南省公派出国留学专项资金"，培养了大批高层次人才，为云南学科建设发挥了积极作用。但仅靠云南自己的能力要实现人才培养跨越式发展是远远不够的。2002年，在国家留学基金管理委员会的支持下，云南省与基金委首批签订了"西部人才培养特别项目"协议书，从2003年开始执行，每年选派50人出国培养，在省政府奖学金的鼓励引导下，截至 2017 年在云南留学的外国留学生达 1.88 万人；每年通过公派留学项目选派 1000 余人出国留学。① 同时，开展了小语种精品课程建设，省内有 25 门小语种精品课程在建。另外，各高校通过"1+3""3+1""2+2""2+0.5+0.5"等多种国际合作人才培养模式把语言专业的学生送往语言对象国，培养学生的国际视野和提升他们的语言应用能力。

2. 与东南亚南亚国家院校合作情况

2006 年 7 月，云南省委、省政府出台了《中共云南省委、云南省人民政府关于加快推进高等院校实施"走出去"战略提高高等教育国际化水平的若干意见》（云发〔2006〕11 号）。一是各高校加强国际教育交流机构建设，为教育国际化搭建平台。如云南师范大学在 2008 年成立华文学院，为海内外华人华侨提供优质高等教育和教师培训，为中国—东盟自由贸易区培养应用型高级人才。二是主动"走出去"与"引进来"，开展形式多样的国际合作与交流。云南各高校结合自身基础和特色，积极探索多种合作办学模式和交流学习项目。三是开展与东南亚南亚国家的职业教育合作，推动职业院校"走出去"。云南省职业院校由于办学实力、影响力较弱，在国际化办学方面远远落后于本科院校。在"走出去"战略助推下，职业院校也积极行动起来，加快教育国际化步伐。经过几年的建设，云南高等教育国际化水平有了明显的提升，在与东南亚南亚国家教育合作方面已基本形成自己的特色和优势。

2006 年，云南大学与孟加拉国南北大学共建的孟加拉国南北大学孔子学院是中国在南亚建立的第一所孔子学院。2014 年，云南师范大学清迈孔子学院因成绩突出被评为"全球先进孔子学院"。截至 2023 年 10 月，云南省高校已与国外合作共建了 12 所孔子学院和孔子课堂。② 此外，

---

① 刘刚、龙微：《"一带一路"建设与云南教育对外开放》，《云南教育》（视界综合版）2017 年第 6 期。

② 韩海阔：《第十一届孔子学院大会将在昆明召开》，云南省人民政府网站，https://www.yn.gov.cn/ynxwfbt/html/2017/zuixinbaodao_0203/104.html。

"汉语桥"世界中学生中文比赛已经成为云南打造国际化办学特色、推进国际化办学进程的一项重要工作。从参赛国家数、参赛选手数来看，规模一届比一届大，体现了"汉语桥"品牌活动的影响力正在不断增强。云南建设有3个国家级汉语国际推广基地，打造了"留学云南"、"汉语桥"世界中学生中文比赛等一批品牌教育国际交流合作项目。

3. 区域国别研究情况

为深入贯彻和落实习近平总书记2015年初考察云南时提出的云南省要建成"面向南亚东南亚辐射中心"的重要指示，云南省社科院于2015年9月28日专门成立了中国（昆明）南亚东南亚研究院。中国（昆明）南亚东南亚研究院的宗旨是主动服务国家"一带一路"建设，主动服务云南省面向南亚东南亚辐射中心建设，主动服务云南省跨越式发展，主动服务省委、省政府科学民主依法决策，努力打造在国内具有权威性和在国际上具有影响力、专门研究南亚东南亚问题的高端智库。该研究院下设东南亚研究所、南亚研究所、印度研究所、孟加拉国研究所、越南研究所、老挝研究所、缅甸研究所、泰国研究所共8个研究所。

中国（昆明）南亚东南亚研究院的主要研究方向如下。第一，开展重大战略性问题研究。主要围绕国家战略，针对南亚东南亚国家关系、地区安全、国际政治和周边国家与我国关系等重大问题展开研究，提供对策建议。第二，开展以云南省面向南亚东南亚开放合作中重大理论问题和重大现实问题为重点的决策咨询研究。第三，开展周边国家情势监测和决策咨询研究。重点围绕提高边疆治理能力，对云南省周边国家开展情势监测，特别是开展对重大突发性事件的监测和分析研究，为云南省的边疆稳定和繁荣提供决策咨询。第四，开展专业研究成果的宣传和转化。积极开展与国内外相关智库和研究机构的学术探讨和交流，不断提高研究能力和水平。推动科研成果的转化，实现科研成果社会效益的最大化。

云南大学获批教育部遴选备案的区域国别研究中心有"一带一路"研究院、澜沧江—湄公河次区域研究中心、缅甸研究院、非洲研究中心、伊朗研究中心、印度研究中心、孟加拉国研究中心以及中国—南非人文交流研究中心。云南师范大学孟加拉湾地区研究中心、缅甸研究中心、柬埔寨研究中心这 3 个国别与区域研究中心获批教育部备案建设。近年来出版或发表多部专著、数十篇论文以及多部译著，并承担多项国家级和省部级研究课题。

二　贵州省高等教育情况

贵州省简称"黔"或"贵"，位于中国西南地区，介于东经 103°36′—109°35′、北纬 24°37′—29°13′，东毗湖南、南邻广西、西连云南、北接四川和重庆，是一个山川秀丽、气候宜人、民族众多、资源富集、发展潜力巨大的内陆山区省份。贵州是古人类发祥地之一，远古人类化石和远古文化遗存发现颇多。早在 24 万年前，就有人类栖息繁衍，已发现石器时代文化遗址 80 余处。观音洞旧石器遗址被正式命名为"观音洞文化"，对研究中国旧石器时代的起源和发展具有重要的科学价值。

贵州省是一个喀斯特地貌发育完整、民族众多、发展潜力巨大的内陆山区省份，历史悠久，自然资源与文化资源丰富，生态良好，区位便利。贵州是多民族聚居省份，有世居民族汉族、苗族、布依族、侗族、土家族、彝族等 18 个。贵州文化资源丰富，千百年来，各民族和睦相处，创造了种类繁多的民族音乐歌舞、各具特色的民族戏剧艺术和丰富多彩的民族节日及民族风俗，创造了"一山不同族，五里不同俗，十里不同风"的民族文化奇观，拥有"文化千岛"的美誉，被联合国教科文组织确定为"人类需要保护的生态文化圈"之一。

进入 21 世纪，我国开始正式全面实施西部大开发战略，加入WTO，中国—东盟自由贸易区也正式启动，贵州的开放意识也进一步增强。2014 年，贵州明确提出要加快内陆开放型经济新高地、开发区、外贸基地、口岸建设。2016 年 8 月，国务院批准贵州省为内陆开放型经济试验区，为内陆地区在经济新常态下开放发展、贫困地区如期完成脱贫攻坚任务、生态地区实现生态与经济融合发展探索新路径、积累新经验。曾经不沿江、不沿海、不沿边的贵州，正在发挥交通、通信变革带来的区位便利，迎来更多的开放机遇，推进更深层次、更高水平的对内对外开放。

（一）贵州省高等教育情况

经过几十年的发展，贵州省高等教育已经初具规模，但面临着提高质量、优化结构、平衡布局等多方面的挑战。自 1999 年高校扩大招生规模以来，贵州省高等院校数量由 1998 年的 12 所增加至 2018 年的 70 所。截止到 2020 年，贵州省高校总数为 75 所，包括本科院校 29 所，专科院校 46 所。贵州省高等教育发展迅速，毕业生规模快速增长，为贵州经济文化发展培养了大批人才。贵州省高等教育情况可从"三结构、一水平"来分析，即层次结构、科类结构、形式结构，以及办学水平。

从宏观层次结构来看，贵州省高等教育包括高等专科教育、本科教育、研究生教育 3 个层次。2018 年，贵州省普通高等教育在校生数为 708476 人，其中研究生 20946 人，本科生 417878 人，专科生 269652 人，三者占比分别为 2.96%、58.98%、38.06%。2019 年，贵州省普通高等教育在校生数为 789421 人，其中研究生 23676 人，本科生 445620 人，专科生 320125 人，三者占比分别为 3.00%、56.45%、40.55%。2020 年，贵州省普通高等教育在校生数为 867917 人，其中研究生 27668 人，本科生 400277 人，专科生 439972 人，三者占比分别为 3.19%、46.12%、50.69%。2021 年，贵州省普通高等教育在校生数为 913316 人，其中研究生 31675 人，本科生 486344 人，专科生 395297 人，三者占比分别为 3.47%、53.25%、43.28%。2022 年，贵州省普通高等教育在校生数为 931569 人，其中研究生 36844 人，本科生 487034 人，专科生 407691 人，三者占比分别为 3.96%、52.28%、43.76%（见图 5-1）。

从 2018—2022 年贵州省普通高等教育层次结构可以看出，贵州省普通高等教育虽然层次结构齐全，但规模差距较大，具体表现为：首先，研究生教育规模较小，每年占比在 3% 左右，不能满足贵州省社会经济发展对高层次人才的需求；其次，本科教育规模扩张速度也较慢，不能满足贵州省社会经济发展对较高层次人才的需求；最后，2020 年

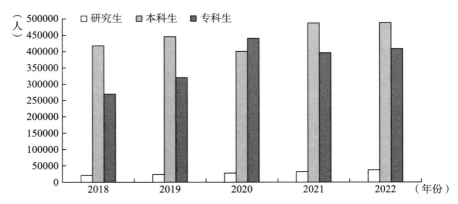

图 5-1　2018—2022 年贵州省高等教育层次结构及变化趋势

资料来源：2019—2023 年《贵州统计年鉴》，贵州省统计局，https：//stjj. guizhou. gov. cn/so/search. shtml？ tenantId = 334&tenantIds = &configTenantId = &searchWord = 。

专科生的在校生人数超过了本科生，成为贵州省高等教育中占比最高的人群，可见贵州省专科教育的规模正在迅速扩张。但多表现为数量上的增长，并未形成自己的特色，竞争力不强。

从科类结构来看（见图 5-2），2018 年贵州省普通高等教育中综合大学、理工院校和师范院校的数量高居前三，分别为 21 所、15 所和 14 所；2022 年，综合大学、理工院校和师范院校的数量位列前三，分别为 22 所、17 所和 13 所。由图 5-2 可以看出，2018—2022 年，政法院

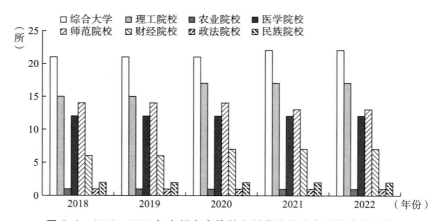

图 5-2　2018—2022 年贵州省高等教育科类结构分布及其变化趋势

资料来源：2019—2023 年《贵州统计年鉴》，贵州省统计局，https：//stjj. guizhou. gov. cn/so/search. shtml？ tenantId = 334&tenantIds = &configTenantId = &searchWord = 。

校和民族院校的数量没有变化。从 2018—2022 年贵州省普通高等教育科类结构现状可以看出，贵州省高等教育培养人才类型不够丰富，部分学科的规模差距过大，具体表现为：首先，传统院校和学科始终占据主要地位，综合性大学、理工院校、医学院校和师范院校一直是贵州省高等教育的主体；其次，以经济学、农学、法学为代表的财经院校、农业院校和政法院校的发展速度较慢，也体现出部分专业人才的培养规模滞后于贵州省社会经济发展。

从院校结构看（见图 5-3），贵州省高等教育中，本科院校与高职（专科）院校数量大致持平。从 2018—2022 年贵州省普通高等教育院校结构现状可以看出，贵州省高等教育形式种类稳定，且各类院校增长速度缓慢。

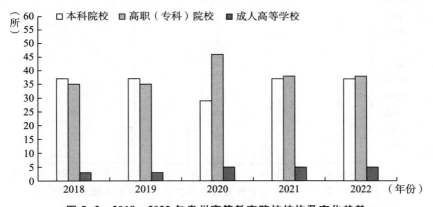

图 5-3　2018—2022 年贵州高等教育院校结构及变化趋势

资料来源：2019—2023 年《贵州统计年鉴》，贵州省统计局，https：//stjj. guizhou. gov. cn/so/search. shtml？ tenantId＝334&tenantIds＝&configTenantId＝&searchWord＝。

从办学水平看（见图 5-4），2018—2022 年贵州高等教育的发展取得了一定的成绩。2018 年，贵州省只有 7 所高校进入全国 500 强，仅占贵州省高校总数的 9.72%。而到了 2022 年，贵州省进入全国 500 强高校的总数达到了 20 所，占到了贵州高校总数的 26.67%。

2018—2022 年贵州省在校生数量稳步增长，毕业生数量也保持增长趋势（见图 5-5）。

近年来，为鼓励高职院校产教融合培养人才，贵州省通过兴建花溪

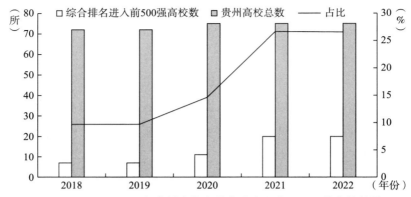

**图 5-4　2018—2022 年贵州省综合排名进全国前 500 强的高校数量
及占贵州高校总数比例**

资料来源：《校友会 2018—2022 年中国大学排名》，校友会网，http://www.cuaa.net。

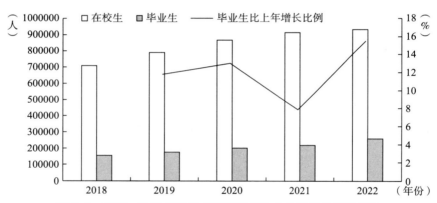

图 5-5　2018—2022 年贵州省普通高校毕业生数量及增长趋势

资料来源：2019—2023 年《贵州统计年鉴》，贵州省统计局，https://stjj.guizhou.
gov.cn/so/search.shtml? tenantId = 334&tenantIds = &configTenantId = &searchWord = 。

大学城，变革办学模式，以及加快贵州高校高等教育国际化步伐等方式
提高贵州省高等教育质量，深化高校教育教学改革，稳步提升教学质量。

首先，在保障高等教育教学环境、实现高校资源共享方面，我国高
校自 20 世纪 90 年代以来不断扩招，高等教育逐步迈入大众化发展阶
段。学生数量的急剧增加和日益多元化的教育需求与大学办学规模相对
较小、教学资源匮乏的矛盾不断凸显。《国家中长期教育改革和发展规
划纲要（2010—2020 年）》提出全面提高高等教育质量和提高人才培养
质量。高等教育"质"与"量"的不平衡促使全国各地兴建大学城以

缓解矛盾，只有提升高等教育质量才会有新的突破口，高等教育学府才能实现可持续发展。自 2000 年 9 月河北廊坊建立东方大学城开始，全国大学城不断涌现，截至 2020 年，全国已建成 60 余座大学城或高教园区。大学城是高等教育大众化的产物，不仅改善了高校的办学条件，提升了高校办学品质，更提高了高等教育的质量。

贵州省大多数高校都集中在贵阳市城区中心，由于城市建设不断地压缩高校用地，高校很难提供优异的教学及科研环境资源。作为贵州省高等教育发展的重要战略选择之一，贵州省花溪大学城于 2009 年开始建设，截至目前，大学城二期工程已经全部完成。一期工程已有贵州师范大学、贵州财经大学、贵州医科大学、贵州中医药大学、贵州轻工职业技术学院入驻，二期工程已有贵州民族大学、贵阳人文科技学院、贵州城市职业学院、贵州大学明德学院（2021 年更名为贵阳信息科技学院）进驻。

其次，在鼓励高职院校产教融合培养人才方面，贵州省职业教育发展势头迅猛，高职院校的数量不断增加。尽管大部分院校都有校企合作的教育模式，但是大部分院校由于起步较晚，处于产教融合的探索期，呈现院校太主动、企业太被动局面，造成培养的学生不能适应社会需求；人才培养模式存在许多突出问题，如校企合作不够深入，实践操作课程配套的双师型教师缺失严重、实践课程比例过大、教学过程流于形式等。目前，贵州发展大数据健康产业亟待解决的问题是人才缺失，产教融合为产业和教育紧密融合指明了方向，高职院校可借此东风，与产业联合培养出服务贵州省大数据健康产业的复合型技术人才。产教融合不仅是促进高职院校发展的有效方式，也能够提高高职院校人才培养质量，更是促进贵州省高等教育整体发展的必经之路。高职院校的产教融合将助力贵州省职业院校在人才培养新路径下进行长远而持久的发展，从而加快贵州省高等教育的前进步伐。

最后，在贵州省高等教育国际化发展方面，促进区域高等教育国际化是加快高等教育国际化发展的重要组成部分，走高等教育国际化的道路是实现我国高等教育跨越式发展的必由之路。西部地区高等教育相较于东部沿海地区高等教育，国际化发展环境还比较欠缺，主要存在国际化办学环境有限、缺乏系统合理的国际化课程体系、留学生管理服务机制不健全等问题。西部地区由于经济发展落后、比较优势不足、人才流失严重且引进难度较大等问题，引进和培养国际化人才能力不足。此外，西部地区由于区位优势不突出，本土意识较严重，高等教育国际化与国家需求，尤其是与"一带一路"建设深度融合不够。目前我国西部高校外语专业仍以英语为主，小语种输入、输出能力较弱，一定程度上阻碍了西部地区与共建"一带一路"国家的交流与合作。高等教育人才的"引进来"和"走出去"面临挑战。贵州省地处西南腹地，在推动西部地区高等教育国际化发展方面扮演着不可或缺的角色。

（二）贵州省教育对外开放

教育对外开放是教育领域综合改革的重要组成部分。西部地区是国家教育对外开放的重点，也是难点。地处我国西南腹地的贵州省在学前教育、中小学教育以及高等教育的对外交流与合作方面一直在积极地探索，取得很大进步的同时，仍然存在各级教育发展不均衡、发展滞后和缓慢的问题。

1. 贵州省教育对外开放平台

自 2008 年起，我国外交部、教育部和贵州省人民政府已经在贵州连续举办了 17 届中国—东盟教育交流周。"交流周"这一平台在贵州省的永久落户，帮助贵州高校引入国际化教育理念，不断深化教育对外开放的理念，促使贵州打开山门，开始从全球视野审视自身的教育国际化水平和发展状况，贵州教育对外开放因此驶上"快车道"。"交流周"作为中国与东盟国家人文交流的主要平台及共建"一带一路"国家民心相通的重要平台，不但为中国与东盟国家之间的教育交流搭建了桥梁，也推动和扩大了贵州教育对外开放。"交流周"的举办也成功引入了其他相关教育平台，包括中国—东盟教育培训中心、中国（贵州）—马来西亚教育服务中心、中国（贵州）—东盟国际留学生示范基地等平台。依托"交流周"成果设立的各项教育平台致力于为中国和东盟合作与发展培养人才、为社会提供信息咨询服务，同时也为当地政府提供智库服务。

从每年的网上注册、报名人数情况来看，每届"交流周"开幕式座无虚席，说明贵州教育国际化的影响力正在不断扩大。伴随中国—东盟教育交流周内涵建设的不断延伸，贵州省出台了《贵州省推进教育现代化建设特色教育强省实施纲要（2018—2027)》等文件，加强非通用语种人才培养，深化国别区域研究，积极推动贵州与东盟国家及"一带一路"共建国家教育模式、教育经验、教育制度互学互鉴，推动贵州教育对外开放，有效赋能教育高质量发展和特色教育强省建设。[①] 贵州省可以充分利用合作平台，扩大教育对外开放。

2. 贵州省高等教育对外开放

近年来，贵州省高等教育紧紧围绕"一带一路"建设，主要依托中国—东盟教育交流周等大型国际会议平台，以贵州省人民政府与教育部签署开展"一带一路"教育国际交流合作备忘录为契机，结合当地教育实际，通过政策支持，兼顾"引进来"和"走出去"，重点加大对全省各级各类学校及教育机构与共建"一带一路"国家高校、教育机构、科研院所交流合作的支持力度，推进贵州省高等教育对外开放步伐。

首先，政策支持。2016 年 4 月，国务院总理李克强在主持召开的国务院常务会议上，确定了加快中西部教育发展的多项措施，包括支持建设一批高水平大学、扩大中西部学生接受国内外高等教育的机会等内容。中共中央办公厅、国务院办公厅印发了《关于做好新时期教育对外开放工作的若干意见》，指出"支持中西部地区不断扩大教育对外开放的广度和深度，引导沿边地区利用地缘优势，推进与周边国家教育合作交流，形成因地制宜、特色发展的教育对外开放格局"。2016 年 8月，教育部提出构建"一带一路"教育共同体，牵头制定了《推进共建"一带一路"教育行动》。在"一带一路"倡议下，国家就西部地区教育对外开放事业出台了多份文件，表达了国家对教育的期许。2010 年通过

① 中国—东盟教育交流周秘书处办公室：《构建更加全面的贵州教育对外开放窗口》，《贵州教育》2022 年 第 15 期。

的《国家中长期教育改革和发展规划纲要（2010—2020 年）》第十六章第四十九条提出，"鼓励各级各类学校开展多种形式的国际交流与合作，办好若干所示范性中外合作学校和一批中外合作办学项目。探索多种方式利用国外优质教育资源"。同年 11 月，教育部与贵州、海南、福建、广西、云南、新疆六省（区）在北京签署"一带一路"教育行动国际合作备忘录。贵州省与教育部签署"一带一路"教育行动国际合作备忘录，必将全面提升贵州与共建"一带一路"国家的教育合作与交流水平。

其次，兼顾"引进来"和"走出去"。2008—2020 年，贵州省高校通过中国—东盟教育交流周达成千余份教育合作协议与合作备忘录，这些协议与备忘录不仅覆盖东盟十国，而且以特邀伙伴国的形式延伸到西亚、欧洲、美洲等地区。协议内容主要集中于双方院校师生互派、交流访问、共享学术科研成果等双向活动。同时，借助中国—东盟教育交流周期间的活动，"中国—东盟清镇职教中心""中国—东盟教育培训中心""中国（贵州）—东盟留学生服务中心""中国—柬埔寨幼儿教师培训中心""贵州—东盟医学教育学院""贵州师范大学瑞士研究中心"等双边、多边教育交流合作平台在贵州设立。贵州高校与东盟国家高校逐步实现了学分互认、学历互认、跨区域人才培养的双向或多向交流，为推动高等教育人才的双向或多向流动奠定了坚实基础。

贵州省高等教育对外开放主要表现在如下方面。

（1）师生交流日趋频繁

贵州省教育厅大力支持高校校际交流。贵州鼓励支持高校积极开展校际交流，用好"知行贵州"丝绸之路青年交流计划等项目，通过学术交流、科研协作、师生互访、学生互换、学分互认、语言学习等形式，不断加强师生交流。

贵州省通过做实高等教育国际交流合作项目，如各类公派项目及贵州"千人海外留学计划"等，加大留学生派出及短期交流"走出去"的力度。2019 年，以实施国家公派、地方公派项目及贵州省"千人海外留学计划"为主，选派高校、大中型国有企事业单位优秀人员及中小学师生赴海外研修学习。首次选派集中连片贫困地区中学英语教师赴英国研修；举办青年骨干教师公派出国留学外语能力提升培训班和外事干部能力提高培训班。

（2）积极开展中外合作办学

全省 75 所高校中共有 17 所参与中外合作办学，占全省高校总数的 22.7%，没有民办学校参与合作办学。合作国家主要为欧美国家，其中，与加拿大合作项目共计 7 项，与美国合作项目共计 12 项，与英国合作项目共计 7 项，与澳大利亚合作项目共计 3 项。贵州省高等教育中外合作办学项目共 37 项，贵州财经大学目前是贵州省中外合作办学的主要力量，项目数达 12 项，在全省占比 32.4%。

贵州高校中外合作办学的专业包括会计学、财务管理、市场营销、金融学（金融服务）、电子商务、电气工程及其自动化等，专科开设专业包括物流管理、金融保险、会计学、市场营销、项目管理、旅游管理、信息管理与信息系统、会展经济与管理、电气工程及其自动化、建筑工程技术、酒店管理、艺术设计等。

据教育部中外合作办学监管工作信息平台公开数据，贵州省中外合作办学分为高中项目、职业院校项目和本科院校项目，本科院校项目含有本科和硕士项目。主要情况如下：2012 年，贵州财经大学与英国爱丁堡龙比亚大学合作开展金融专业本科教育项目；2016 年，贵州财经大学与美国马歇尔大学合作开展电子商务专业本科教育项目；2016 年，贵州民族大学与美国阿尔弗莱德大学合作开展数字媒体艺术专业本科教育项目；2017 年，贵州财经大学与美国西密歇根大学合作开办"贵州财经大学西密歇根学院"机构；2017 年，贵州理工学院与英国贝德福特大学合作开展电气工程及其自动化专业本科教育项目；2019 年，贵州大学与英国林肯大学合作开展旅游管理专业本科教育项目；2019 年，贵州大学与美国西卡罗来纳大学合作开展信息管理与信息系统专业本科教育项目；2020 年，贵州商学院与澳大利亚悉尼国际管理学院合作开展会展经济与管理专业本科教育项目。

贵州省中外合作办学项目的外方合作院校以美国、英国、加拿大和澳大利亚高校为主，与共建"一带一路"国家的合作较少，但贵州在地理位置、政策支持、教育资源等方面仍然体现了其独有的优势。贵州省中外合作办学的合作范围及对象仍需拓宽，尤其是需要大胆探索与共建"一带一路"国家中的发展中国家开展优质高等教育合作的可能性。

（3）来华留学教育不断发展

贵州省高校首次出现外籍学生是在 20 世纪 80 年代后期，当时仅有个位数的来华留学生。2010 年后，在中国—东盟教育交流周平台的推动下，来黔留学教育逐步迈入新的历史进程，来黔留学生数量也稳步增加。生源地覆盖近 60 个国家及地区，其中东盟国家留学生占 2/3 以上，分别来自泰国、老挝、越南、柬埔寨等东盟国家。

截至 2020 年底，本科阶段合作项目共有 8 个，其中 4 个项目与美国大学合作，3 个项目与英国大学合作，1 个项目与澳大利亚大学合作。合作专业有金融学、电子商务、数字媒体、电气工程及其自动化、旅游管理、信息管理与信息系统、会展经济与管理。7 个项目为本科阶段中外合作办学项目，1 个项目为开办中外合作办学机构。

2020 年在册来黔留学生人数总共 2712 人，其中，贵州省 3 所中国政府奖学金来华留学生培养院校（贵州大学、贵州师范大学、贵州民族大学）及孔子学院奖学金来华留学生培养院校（贵州大学、贵州财经大学）长期在册留学生中本科生 593 人，硕士研究生 248 人，博士研究生 41 人，普通进修人员 120 人，共计在册 1002 人，占总人数的 36.9%。招收留学生的 28 所高校中，留学生总人数最多的为贵州大学，其次为铜仁学院。留学生生源大多来自东盟国家，其中贵阳幼儿师范高等专科学校招收的 88 名留学生全部来自老挝，可见东盟国家是贵州省留学生的主要来源地。①

（4）区域国别研究力量不断加强

区域国别研究是针对特定国家或者区域的人文、地理、政治、经济、社会、军事等进行的全面深入研究，具有全面性、深入性、及时性

---

① 贵州省教育厅关于贵州省高校 2020 年来华留学生的统计数据。

和战略性等特征。自"一带一路"倡议提出以来，贵州省近年来也加大对外开放力度，加强区域国别研究。目前贵州省共有 7 所高校 10 个中心开展区域国别研究（见表 5-11）。

表 5-11　贵州省现有区域国别研究中心

高校	中心	国别/区域	批准/备案情况
贵州大学	东盟研究院	东盟国家	教育部培育基地
	贵州大学波罗的海区域研究中心	丹麦、德国、瑞典、波兰、立陶宛、拉脱维亚、爱沙尼亚和芬兰	教育部遴选备案
贵州师范大学	瑞士研究中心	瑞士	教育部遴选备案
贵州财经大学	贵州财经大学（中国西部绿色发展战略研究院）东盟研究中心	东盟（重点关注泰国）	学校批准成立
	贵州财经大学跨境教育研究中心	美国、东盟国家	学校批准成立
	厄立特里亚经济社会发展研究中心	厄立特里亚	学校批准成立
贵州民族大学	东盟民族研究中心	东盟国家	国家民委批准设立
贵阳学院	泰国研究中心	泰国、东南亚	教育部遴选备案
铜仁学院	老挝研究中心	老挝	学校批准成立
铜仁职业技术学院	东盟职业教育研究中心	东盟	国家民委批准设立

贵州省 10 个区域国别研究中心中，有教育部培育基地 1 个，3 个经教育部遴选备案，有国家民委批准设立的区域国别研究中心 2 个，有学校批准成立的区域国别研究中心 4 个。

上述中心研究领域各有不同，主要围绕教育、文化、经济、政治、民族、历史、生态、语言等领域开展研究，旨在建立中外合作智库，以咨政服务为首要宗旨，以服务国家战略和外交大局、维护国家利益、促进西部地区发展、服务地方经济建设、服务教育发展为使命。

（5）推广国际中文教育，传播中华文化

贵州一共有 3 所高校开设孔子学院，包括贵州大学的冈比亚大学孔子学院、美国普莱斯比大学孔子学院、西班牙萨拉曼卡大学孔子学院，贵州财经大学的厄立特里亚高等教育委员会孔子学院，以及贵州师范大学基里巴斯孔子学院。孔子学院的基本信息如表 5-12 所示。

表 5-12　贵州省开设孔子学院情况

孔子学院名称	中方院校	外方院校	成立年份
普莱斯比大学孔子学院	贵州大学	美国普莱斯比学院	2009 年
西班牙萨拉曼卡大学孔子学院	贵州大学	西班牙萨拉曼卡大学	2024 年
冈比亚大学孔子学院	贵州大学	冈比亚大学	2017 年
厄立特里亚高等教育委员会孔子学院	贵州财经大学	厄立特里亚高等教育委员会	2013 年
基里巴斯孔子学院	贵州师范大学	南太平洋大学基里巴斯分校	2024 年

　　高校是推广汉语教育的主阵地，贵州省各孔子学院尽其所能，联络各方，除通过定期组织中国文化讲座、汉语角活动，积极开展和组织各类汉语项目的竞赛以外，还开设了短期兴趣班和特殊课程来满足学生的需求，在推广汉语教育的同时，力争将中华文化传播得更加深远。

三　广西壮族自治区高等教育情况

　　广西壮族自治区地处云贵高原东南边缘，中国华南地区西部，分别与广东、湖南、贵州、云南接壤，南濒北部湾、面向东南亚，西南与越南毗邻，是西南地区最便捷的出海通道，大陆海岸线长，在中国与东南亚的经济交往中占有重要地位。区内聚居着汉、壮、瑶、苗、侗、京、回等民族，汉语方言有粤语、西南官话、客家语、平话、湘语、闽语 6 种，壮语方言有北部方言和南部方言等。广西壮族自治区利用其面向东盟大通道和身为全国第三大侨乡的区位优势，坚持服务国家战略与广西对外开放发展大局，积极融入"一带一路"建设，以面向东盟国家为重点开展国际人文交流，借教育丝绸之路打造中国—东盟教育交流合作新高地，教育对外开放质量和水平不断提高。

（一）广西壮族自治区高等教育基本情况

1. 广西壮族自治区高等教育在校人数情况

　　2015—2020 年广西高校在校学生人数如图 5-6 所示。广西壮族自

治区高等教育在校生人数从 2015 年的 77.87 万人增加到 2020 年的
123.19 万人（包括研究生、普通本科生、普通专科生 3 个类别），增幅
达 58%。2020 年，广西高校学生中，专科在校学生占比 51%，本科在
校学生占比 45%，研究生在校学生占比 4%。

　　2020 年，广西壮族自治区高校研究生和专科在校学生人数增幅较
为显著。专科在校学生人数增长较本科在校学生人数明显，2019 年专
科在校学生人数首次超过本科，2020 年专科在校学生达 62.41 万人，
超过本科在校学生人数（56 万人）。研究生在校学生人数虽相对总量较
少（2020 年为 4.78 万人），但在 2016—2017 年和 2019—2020 年两个年
度增幅显著。

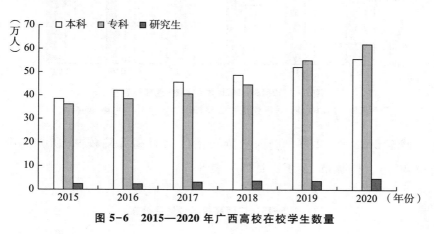

图 5-6　2015—2020 年广西高校在校学生数量

2. 广西壮族自治区高等教育学校结构和分布

　　专科院校数量超过本科院校，本科院校学科建设取得一定突破。
"十三五"期间广西壮族自治区普通高等院校数量增加 11 所，其中专
科院校由 35 所增加至 44 所，数量和规模都有所提升。专科院校集中建
设在南宁、柳州、百色等传统工业较为发达的城市，仅南宁市就有 20
所专科院校（校区）。2015—2020 年，广西壮族自治区专科院校结构不
断优化，广西师范学院、钦州学院分别更名为南宁师范大学、北部湾大
学，广西城市职业学院升格为广西城市职业大学，并成为国家首批本科
职业教育试点单位。新设立 7 所高等职业院校，筹设 8 所高等职业院

校。从院校地区分布特点来看，14 个地级市虽然都有至少 1 所高校，但存在向南宁、桂林等城市过度集中的现象，办学特点和专业设置相似的大学向同一城市聚集可能引起恶性竞争，也会阻碍高等教育的进一步普及。2015—2020 年广西壮族自治区普通高校数量变化及地区分布情况见图 5-7、表 5-13。

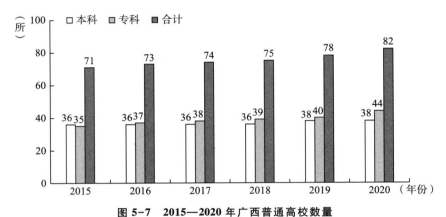

图 5-7 2015—2020 年广西普通高校数量

资料来源：广西壮族自治区教育厅统计数据，http：//jyt. gxzf. gov. cn/。

截至 2023 年 12 月，广西壮族自治区共有高等院校 91 所，其中南宁市 40 所，桂林市 13 所，具体见表 5-13。

表 5-13 广西高校学校地区分布

单位：所

地区	数量	地区	数量
南宁市	40	柳州市	6
桂林市	13	北海市	4
百色市	5	河池市	2
崇左市	8	贺州市	1
来宾市	2	梧州市	3
钦州市	3	玉林市	2
贵港市	1	防城港市	1

资料来源：广西河池市金城江区人民政府门户网站，http://www. jcj. gov. cn/bclm/cycxfw/bm-cx/jyky/t18910915. shtml。

3. 广西壮族自治区高校学科建设情况

《广西高等教育振兴发展"十四五"规划》显示，截至 2020 年底，博士学位授予单位数量增加到 7 所，硕士学位授予单位数量增加到 13 所。进入"十四五"时期，广西高校博士、硕士学位授予单位增长速度明显下降，据各高校官网数据统计，截至 2022 年 3 月底，博士学位授予单位数量增加到 9 所（其中桂林医学院为专业博士学位授权点，2023 年改名为桂林医科大学），硕士学位授予单位数量增加到 14 所。同时博士学位、硕士学位授权点进一步向头部高校集中：49 个一级学科博士学位授权点中，广西大学占 19 个，广西师范大学占 8 个；184 个一级学科硕士学位授权点中，广西大学占 38 个，广西师范大学占 30 个，排名（依据广西壮族自治区教育厅官网对区内各高校的排序）12 位之后的高校，除广西财经学院和北部湾大学外没有硕士学位授权点。

依据广西壮族自治区教育厅官网对区内各高校的排序①，统计分析各高校 ESI 全球前 1% 学科数、"世界一流"建设学科数、国家重点学科数（含培育）、广西一流学科数（含培育）、广西重点学科数、博硕学位授权点数等 14 个项目，发现广西高校学科建设整体呈现倒金字塔形，排名靠前的院校在学科实力、专业结构和人才培养等方面都占据绝对优势，其中广西大学是区内唯一的"双一流"建设高校，其土木工程是"世界一流"建设学科。

（二）广西壮族自治区高校非通用语专业发展情况

广西民族大学自 1964 年起开设小语种专业，然而小语种专业迎来真正的发展是在 21 世纪初，10 年前该校小语种专业每个班最多只有 20 多人，而现在仅越南语、泰语两个专业本科每年的招生人数就将近 100 人，每年小语种专业的招生人数也在不断增长，目前在校学习东盟国家语言的学生有 1000 多人。② 2006 年发布的《广西壮族自治区人才发展

---

① 参见广西壮族自治区教育厅网站，http://www.jyt.gxzf.gov.cn/。
② 谢样、李智：《中国—东盟博览会催生广西小语种热》，《中国青年报》2011 年 10 月 22 日，第 3 版。

"十一五"规划》在"实施外向型人才开发工程"一节中特别提到东盟国家小语种人才的培养，计划"每年培养非通用语种专业本科生150人以上，专科生300人以上"[①]。2011年颁布的《广西壮族自治区人才发展"十二五"规划》提出"建立全区外向型人才库，每年选拔100—200名外向型人才入库，拓宽国（境）外培训渠道，继续办好面向东盟的非通用语种专门人才培养基地，办好中国—东盟人才资源开发合作论坛"[②]。经过多年的发展，广西壮族自治区东盟国家小语种人才的培养方式日渐成熟，东盟国家小语种人才培养院校不仅积极探索创新东盟国家小语种人才的国内培养方式，且普遍采用"3+1"、"2+2"（本科院校）、"2+1"（专科院校）的学习方式进行人才培养，即与东盟国家高校签订合作协议，在国内学习3年或是2年，然后到东盟国家学习1年或是2年，这种培养方式大大地提高了人才的语言应用能力。表5-14和表5-15显示了各大本科院校和专科院校的小语种专业分布情况。

表5-14　广西壮族自治区本科院校小语种专业分布情况

序号	学校名称	开设专业
1	广西大学	日语、泰语、越南语
2	广西师范大学	日语、朝鲜语
3	广西民族大学	法语、印度尼西亚语、柬埔寨语、老挝语、缅甸语、马来语、泰语、越南语
4	桂林理工大学	日语
5	桂林电子科技大学	日语
6	南宁师范大学	日语
7	北部湾大学	泰语、越南语
8	玉林师范学院	日语
9	广西财经学院	法语
10	广西民族师范学院	泰语、越南语

① 《广西壮族自治区人才发展"十一五"规划》，广西壮族自治区发展和改革委员会网站，http://www.fgw.gxzf.gov.cn。

② 《广西壮族自治区人才发展"十二五"规划》，广西壮族自治区发展和改革委员会网站，http://www.fgw.gxzf.gov.cn。

续表

序号	学校名称	开设专业
11	广西外国语学院	法语、西班牙语、柬埔寨语、印度尼西亚语、泰语、越南语、日语
12	百色学院	泰语、越南语

资料来源：各学校官网。

表 5-15　广西壮族自治区专科院校小语种专业分布情况

序号	学校名称	开设专业
1	广西华侨学校	商务越南语、商务泰语
2	南宁职业技术学院	应用泰语、应用越南语
3	广西英华国际职业学院	应用西班牙语、应用泰语
4	广西国际商务职业技术学院	应用泰语、应用越南语

资料来源：各学校官网。

（三）广西壮族自治区高等教育对外开放情况

广西高等教育对外开放主要通过 1 个品牌（即"留学广西"国际教育展）、2 个平台（即中国—东盟教育开放合作试验区、中国—东盟职业教育联展暨论坛）实现。广西与越南接壤，是"一带一路"上连接东盟国家的重要节点，2016 年与教育部签署《推进共建"一带一路"教育行动国际合作备忘录》①，是第一批签署该备忘录的六省区之一。广西高等教育对外开放在全国处于中下游水平，主要体现在高等教育对外开放起步晚、留学生规模较小、高校对外交流区域局限性强、中外合作办学项目相对较少等方面。

1. 来华留学

广西高校在 2014 年至 2018 年间招收留学生人数迅速上升，2020 年后由于疫情等因素影响，招收留学生人数增长缓慢。广西留学生主要来自东盟国家，据《广西高等教育振兴发展"十四五"规划》，"十三五"期间每年来桂留学生在校规模均超万人。教育部统计的来华留学

① 《教育部与六省（区）签署"一带一路"教育行动国际合作备忘录》，中华人民共和国教育部政府门户网站，http://www.moe.gov.cn/jyb_xwfb/gzdt_gzdt/moe_1485/201611/t20161122_289657.html。

生数据显示，2014 年、2015 年、2016 年、2018 年，广西留学生数量都未能进入前十。教育部发布的 2015 年全国来华留学生数据显示，2015年广西留学生人数第一次超万人，达到 10287 人，当年全国来华留学生总数 397635 人，广西留学生仅占留学生总数的 2.59%。2016 年广西留学生人数 12189 人，占全国来华留学生总数的 2.75%。2018 年广西留学生人数 15217 人，占全国来华留学生总数的 3.09%（见表 5-16）。广西民族大学是中国接收老挝留学生最多的大学，从 2000 年至 2021 年共接收 4206 名老挝学生，目前在校生有 104 人。

表 5-16　全国及广西壮族自治区来华留学人数

单位：人

区域	2014 年	2015 年	2016 年	2017 年	2018 年
全国	377054	397635	442773	489200	492185
广西	小于 1 万	10287	12189	（空缺）	15217

资料来源：教育部官网，时间截至 2022 年 3 月 27 日。

受疫情影响，2020 年广西统计留学生人数为 11478 人[①]，相较 2018年的高位下降了 24.57%。同时，广西留学生还存在结构问题，即接受学历教育的留学生比例低于全国平均水平，据教育部 2018 年来华留学生统计数据，全国范围接受学历教育的留学生占比为 52.44%。广西在"十四五"规划中提出要争取 2025 年"来桂留学学历生占比达 50%"，但结构问题相较人数问题并不急迫，广西当前还应以扩大留学生基数为主，进一步加大主推的"留学广西"品牌宣传力度。

2. 开办孔子学院

广西壮族自治区有 4 所高校与东盟地区 5 国 8 所高校合办了 8 所孔子学院，最近一所孔子学院于 2019 年 12 月在柬埔寨开办，其余孔子学院开办时间集中于 2006—2014 年。具体情况见表 5-17。

---

① 《广西高等教育振兴发展"十四五"规划》，广西壮族自治区教育厅网站，ht-tp://www.jyt.gxzf.gov.cn/zfxxgk/fdzdgknr/ghjh/cqgh/t11096561.shtml。

表 5-17　广西高等院校开办孔子学院情况

名称	中方	外方	国家/地区	开办时间
素攀孔子学院	广西大学	川登喜大学	泰国/素攀府	2006-12-27
宋卡王子大学孔子学院	广西师范大学	宋卡王子大学	泰国/宋卡省	2006-12-29
玛琅国立大学孔子学院	广西师范大学	玛琅国立大学	印度尼西亚/东爪哇	2011-03-14
河内大学孔子学院	广西师范大学	河内大学	越南/河内	2014-12-27
马哈沙拉堪大学孔子学院	广西民族大学	马哈沙拉堪大学	泰国/马哈沙拉堪府	2006-12-26
老挝国立大学孔子学院	广西民族大学	老挝国立大学	老挝/万象	2010-03-23
丹戎布拉大学孔子学院	广西民族大学	丹戎布拉大学	印度尼西亚/西加里曼丹省	2011-11-26
国立马德望大学孔子学院	桂林电子科技大学	国立马德望大学	柬埔寨/马德望省	2019-12-26

广西民族大学、桂林电子科技大学、广西师范大学、广西大学与国外院校共建有 8 所孔子学院，这些孔子学院都建在东盟国家。

3. 区域国别研究

广西壮族自治区排名前 20 的高校几乎都进行了不同级别、不同程度的区域国别研究，但经教育部确立的国别和区域研究基地仅有 6 个，分别是：广西大学 2 个——中国—东盟研究院、中国—东盟金融合作学院；广西师范大学 1 个——越南研究中心；广西民族大学 1 个——东盟研究中心；玉林师范学院 2 个——泰国研究中心、白俄罗斯研究中心。

根据教育部《国别和区域研究基地培育和建设暂行办法》，"国别和区域研究基地，是指高校整合资源对某一国家或者区域的政治、经济、文化、社会等开展全方位综合研究的实体性平台"。教育部国别和区域研究基地是服务于地区的智库机构，以政策咨询研究为主要任务，广西各高校建立的研究基地主要服务于广西与东盟国家间的"一带一路"建设。从上述国别和区域研究基地名称看，广西高校对东盟区域研究有了充分投入，但国别研究明显欠缺，除泰国、越南外的 8 个东盟国家都尚未建立对应的国别研究基地。广西高校应更多关注国别研究，特别是有针对性的国别研究。

4. 中外合作办学项目

《广西高等教育振兴发展"十四五"规划》显示，截至 2020 年底，自治区高校共有 32 个合作办学项目和机构，其中本科层次 18 个，专科层次 14 个。教育部新闻发布会信息显示，截至 2020 年底，我国有中外合作办学机构和项目 2332 个，其中本科以上 1230 个。① 广西壮族自治区高校合作办学项目和机构仅占全国的 1.37%，存在项目偏少、层次偏低的问题，主要是缺少硕士和博士层次的合作办学项目。教育部官网能够查询到的广西高等院校合作办学项目如表 5-18 所示。

表 5-18 广西高等院校中外合作办学情况

序号	年份	项目名称	层次
1	2013	广西师范大学与英国格林多大学合作举办学前教育专业本科教育项目	本科
2		广西医科大学与美国西俄勒冈大学合作举办公共事业管理（社会医疗保障）专业本科教育项目	本科
3		广西艺术学院与美国西俄勒冈大学合作举办音乐学专业本科教育项目	本科
4		广西科技大学与澳大利亚南十字星大学合作举办软件工程专业本科教育项目	本科
5		广西大学与美国中密歇根大学合作举办电气工程及其自动化专业本科教育项目	本科
6		桂林电子科技大学与爱尔兰国立科克大学合作举办网络工程专业本科教育项目（2018 年 6 月教育部批准中止办学）	本科
7		广西艺术学院与英国格林多大学合作举办动画专业本科教育项目（2018 年 6 月教育部批准中止办学）	本科
8	2019	广西师范大学与韩国韩瑞大学合作举办视觉传达设计专业本科教育项目	本科
9	2020	广西财经学院与英国奇切斯特大学合作举办数字媒体技术专业本科教育项目	本科
10		广西财经学院与匈牙利德布勒森大学合作举办金融数学专业本科教育项目	本科
11		广西师范大学与韩国龙仁大学合作举办体育教育专业本科教育项目	本科

5. 科研合作和人才培训基地

广西高等教育呈现层次多样、内容丰富的对外开放局面。据《广

---

① 《教育部：中外合作办学机构和项目达 2332 个 本科以上 1230 个》，中华人民共和国教育部网站，http://www.moe.gov.cn/fbh/live/2020/52834/mtbd/202012/t2020 1222_506955.html。

西高等教育振兴发展"十四五"规划》："10 余所高校赴境外开办分校
或培训基地，被国（境）外采用的专业教学标准 41 个，课程标准 196
个。高校依托各级各类中国—东盟人才培训中心（基地）、境外教学点
等开展培训逾 1.3 万人次。"广西区域内有 2 个国家级国际科技合作基
地：广西大学亚热带农业生物资源保护与利用国家重点实验室（国际
科技合作基地）、广西医科大学国家生物靶向诊治国际联合研究中心；
4 个部省级国际合作实验室/人才培训中心：广西医科大学骨与软组织
再生修复国际合作联合实验室、广西艺术学院中国—东盟艺术人才培训
中心、广西财经学院中国—东盟金融与财税人才培训中心、桂林旅游学
院中国—东盟旅游人才教育培训基地。高等专科院校方面有广西现代职
业技术学院与泰国先皇理工大学共建的"中泰海外冶金培训中心"；广
西农业职业技术学院（今广西农业职业技术大学）挂牌成立的中国—
东盟农业培训中心为老挝、越南、缅甸、柬埔寨等东盟国家以及太平洋
岛国和埃塞俄比亚等国举办农业技术及管理培训班 27 期，培训学员
946 人次。除此之外，广西警察学院是公安部确定的面向东南亚和非洲
加纳等国的高级警务人才培训点，"桂林旅游学院中印尼旅游教育合
作"入选文化和旅游部 2019 年度"一带一路"文化产业和旅游产业国
际合作重点项目。

第二节　西南三省区与老挝高等教育交流合作情况

中国西南地区高校和老挝的高等院校各具特色和优势，有着广泛交
流合作的空间。云南省、贵州省及广西壮族自治区的高校学科涵盖门类
广、学科门类齐全、层次清晰，不仅有综合性大学也有其他类别的专科
院校，如农业院校、财经院校、师范类院校、医学院校、理工类院校和
民族类院校，不仅有本科类院校也有专科类和高职类院校。而老挝的高等
教育资源则相对较少，高等院校一般可分为公立大学、私立大学、师范
类院校和高职类院校。在老挝，全国的公立大学只有 5 所，而私立高等

教育机构的数量却高达 90 多所。这也是老挝大力倡导发展私立高等教育的结果。早在 1995 年，老挝政府就颁布了第 64 号政府令，正式确定了老挝私立高等院校的组织形式，此法令还对支持和鼓励发展私立高等院校进行了细致的规定。此外，2001 年老挝人民革命党的"七大"报告指出"要继续鼓励发展私立教育"，在政策上给予私立高校相应支持。不仅如此，老挝还允许国外的国际机构对老挝的私立高校开展各种形式的援助。这些举措都使得老挝的私立院校多于公立院校。但国内高等教育资源大多为公立院校所享有，私立院校只有少数享有。中国和老挝虽然都属于社会主义国家，但老挝的社会主义进程曾受到多个国家的影响，同时老挝也是一个传统的佛教国家，直到现在佛教在老挝仍然占据着重要的地位。加上老挝曾被法国殖民统治，这也导致老挝在某种程度上又偏向于西方的教育模式。中老双方教育既有相似的内容，又有明显差异。随着双方教育交流的日趋频繁，为了提高双方高等教育交流的质量，我们需要把握合作的政策背景和相关举措，以推动双方高等教育交流的高质量发展。

一　中老两国高等教育对外开放政策

不管是中国高等教育资源的"走出去"还是老挝高等教育资源的"引进来"，首先必须寻求国家层面的政策支持。因为只有依托政策优势，才能取得合法的地位和长足的发展。《教育部关于深化本科教育教学改革全面提高人才培养质量的意见》指出，推进跨校人才联合培养模式，使高校能够发挥自身的优势，协同提升人才的培养质量。该意见指出，在本科教育当中应该支持有能力的学校进行人才的联合培养，不再只限于在某一所高校培养，这使得同一地域内的高校资源可以进行互补，同时各高校也可以发挥自己的学科优势。对于受教育者而言这未尝不是一件好事，他们可以根据自己的兴趣爱好和专业特长去进行学习。这不仅使得受教育者的知识体系不再单一，同时也可以提高受教育者的综合素质与能力。中共中央、国务院印发的《中国教育现代化 2035》中明确提出，在今后的教育工作中要"振兴中西部地区高等教育"，同时要"开创教育对外开放新格局。全面提升国际交流合作水平，推动我国同其他国家学历学位互认、标准互通、经验互鉴"。中国西南地区虽然近几年经济有所发展，但由于其发展晚、底子薄，发展速度低于发达省份。尤其是在教育方面，更是呈现出教育资源分布不均、教育水平不高等问题。所以达到 2035 年全国总体实现教育现代化、国家迈入教育强国行列目标，我们的教育改革势在必行，尤其是在高等教育方面的改革。2020 年 6 月，《教育部等八部门关于加快和扩大新时代教育对外开放的意见》中也提出要"支持打造教育对外开放新高地"，改进高校境外办学，持续推进涉及出国留学人员、来华留学生、外国专家和外籍教师相关制度改革，着力推进相关领域法律制度更加成熟定型。同时该意见也提到，要着力破除体制机制的障碍，加大中外合作办学的改革力度。从以上文件可以看出国家层面对于教育对外开放的态度，以及未来教育对外开放趋势。

老挝的教育对外开放经历了很长的时期。1983 年以前，老挝的教育对外开放体现在政府根据需要资助本国学生到西方国家留学。1945—1975 年，这一时期老挝的教育对外开放主要是让一少部分人到社会主义国家去留学。1975—1989 年，老挝的教育对外开放开始有了雏形，这一时期老挝的国际教育主要是注重引入国外资金，寻找国际帮助，秉承鼓励留学的开放政策。这一时期的老挝高等教育对外开放也得到了质的提升。2007 年颁布的《教育法》（修订版）规定，老挝国内的高等教育机构可以得到国外机构的援助。2020 年 10 月，老挝颁布《高等教育法》，以法律的形式确保了国外机构在老挝的援建和援助地位。老挝的教育对外开放从萌芽到雏形，再到今天的发展，不仅体现了老挝国家层面对教育的重视程度，而且也反映了老挝人民对教育的需求。随着世界经济一体化，加大教育对外开放的力度和加强教育国际化的建设都是提高国家教育水平的有效途径。中老两国都出台相应措施，鼓励学校加大教育对外开放力度，通过教育对外开放，提高国家教育水平。

二 滇、黔、桂高等教育对外开放情况

围绕与东南亚国家及其他国家高等教育交流合作，各地也都出台了相应的政策，提出相应措施，推动教育对外开放的发展。

云南省是中国与老挝唯一接壤的省份，开展和实施对老挝教育外交具有良好的自然地理基础、人文地理基础和经济地理基础。近年来，云南省积极开展与老挝的教育交流合作。2009 年，老挝教育体育部部长宋坤·芒诺明应中国云南省邀请访问昆明，与云南省教育厅签署合作备忘录，此后双方教育交流合作明显加快。2011 年，国务院出台了《国务院关于支持云南省加快建设面向西南开放重要桥头堡的意见》，提出加快把云南省建设成为面向西南开放的重要桥头堡，有利于构建我国通往东南亚、南亚的陆路国际大通道；有利于提升我国沿边开放质量和水平，进一步形成全方位对外开放新格局，加强与周边国家的互利合作，促进共同发展，增进睦邻友好。2012 年，云南省教育厅在老挝万象举行中国（云南）—老挝教育合作推介会，签署《云南省教育厅与老挝工商联合会教育合作谅解备忘录》《云南省教育厅与老挝科技部教育合作谅解备忘录》《云南省教育厅与老挝教育体育部教育合作谅解备忘录》等协议，重点在加强学生高等教育、加强医学教育合作、推广农业教育三个方面进行合作。2013 年，云南省教育厅以财政资助的方式在云南和老挝范围内选拔和培养中老翻译官，老挝地方政府与云南地方政府和高校的合作也进一步加强。2016 年 7 月，云南省红塔区政府与老挝占巴塞省签订了教育和文化事业建设发展资金捐赠协议。同一时期，云南省普洱市与老挝丰沙里省进行教育合作。2016 年 7 月，老挝丰沙里省与云南省普洱市进行教育合作，双方就互派留学生交流学习、教育管理人员培训、学历深造进修、中国到老挝进行华文教育以及互派教师进行汉语教学等方面的交流合作进行协商。由于云南省政府卓有成效的工作，云南与老挝的高等教育交流合作走在全国的前列，特别是对老挝留学生的培养形成了较完整的体系。据统计，截至 2016 年 9 月，

云南成为老挝在中国留学生人数最多的省份。①

广西在与东盟国家的教育交流合作中积累了丰富的经验和人脉资源。自 2007 年起，广西设立了老挝留学生奖学金、柬埔寨留学生奖学金。2009 年国务院出台了《国务院关于进一步促进广西经济社会发展的若干意见》（国发〔2009〕42 号），文件提出充分利用中国—东盟自由贸易区平台，推进泛北部湾经济合作与大湄公河次区域合作，深化与港澳台合作，加强与国内其他区域合作。加强国际教育交流与合作，面向东南亚扩大来华留学生规模。2011 年广西设立东盟国家留学生奖学金，奖励优秀东盟留学生 300 多人。2015 年，广西壮族自治区教育厅组织广西 22 所本科院校组成广西高等教育代表团赴老挝、柬埔寨举办教育展。2016 年 5 月，由中国国务院侨办文化司主办，广西侨办和广西华侨学校承办的 2016 "华文教育·校长研习" 老挝泰国班在广西华侨学校开班，60 多名来自老挝、泰国的华校负责人在南宁接受为期 10 天的培训，内容涉及治校方略、课程设计与管理、教师情绪管理、青少年身心发展与情感教育等课程，为参训者提供系统学习中华文化知识和教学方法的机会。

贵州省虽然是内陆省份，近几年来却在对东盟教育合作上异军突起，成绩斐然。2008 年，首届中国—东盟教育交流周在贵州省举办，开启了贵州省与东盟教育交流合作的新纪元，目前已经连续举办了 17 届。中国—东盟教育交流周的举办给贵州省的教育带来了新的发展契机，也增进了贵州省高校跟其他国家的交流，尤其是东盟国家，如泰国、老挝、越南、新加坡、菲律宾等国家。2013 年，贵州省人民政府设立了贵州省外国留学生奖学金，2015 年 8 月，第八届中国—东盟教育交流周期间，贵州与老挝教育体育部签署 5 年合作协议，在协议期内向老挝提供职业技能培训、本专科及硕博研究生等类别的来黔留学奖学金。2016 年，贵州省启动了 "黔老留学生奖学金" 项目，计划 2016—

---

① 李映青、时文枝：《【老挝留学生在云南】我的云南留学生活》，中国日报网，2016 年 9 月 8 日，http://cn.chinadaily.com.cn/2016-09/08/content_26735947.htm。

2020 年向老挝提供博士研究生、硕士研究生、本科生、专科生、培训研修等类别的奖学金。2020 年 12 月 16 日，以教育部国际司为会议指导机构指导的"第十一届全国中外合作办学年会助力贵州教育对外开放新发展"会议上指出要积极鼓励和支持高校加强与国外一流高校的友好交流，积极引进国外优质教育资源，创新高等教育国际化人才培养模式，培养国际化复合型、专业型人才，为贵州经济社会发展提供更加有力、更高质量的人才支撑和智力支持。同时也要强化贵州省高校与东盟国家在教育模式、教学经验、教育制度等方面的互相借鉴和学习。要积极推动办好中国—东盟教育交流周，加强贵州省非通用语种的建设，鼓励与东南亚国家进行交流合作。2020 年 5 月，《贵州省教育厅关于统筹优化教育资源布局结构的指导意见》提到要优化贵州省的高等教育，实现资源共享，优势互补，合作办学。这一系列的优惠政策，给贵州省的教育提供了更广阔的发展空间，尤其是在贵州省的教育对外开放方面。2022 年 1 月，《国务院关于支持贵州在新时代西部大开发上闯新路的意见》出台，要求不断提升中国国际大数据产业博览会、中国（贵州）国际酒类博览会、中国—东盟教育交流周等展会活动的影响力。

综上所述，围绕教育对外开放，尤其是与东南亚国家的教育对外开放，云南省、贵州省及广西壮族自治区的高等院校都出台了相应的政策措施，鼓励各个地区的高校做好教育的对外开放，发挥教育对外开放推动地方和学校发展的作用。

第三节　西南三省区与老挝高等教育交流合作的基础

老挝高等教育起步较晚、发展较慢、规模较小，现有 5 所公立大学、10 所师范学院和 92 所职业技术类学校。老挝经济发展滞后带来的高等教育资源匮乏，致使老挝高等教育资源区域分布不均衡、教育投入和师资力量不足，缺少高层次科研人才、技术人员。从总体上看，老挝现阶段的人力资源满足不了经济社会发展的需求，基础设施也比较落后。为尽快解决这些难题，老挝把加强国际合作作为发展高等教育、促进人才培养的重要策略和途径，以此弥补自身资源的不足。老挝从国家层面到地方政府以及高等教育机构，都希望与中国加强教育领域的合作，如开展合作办学项目、增加奖学金名额、建立中老翻译人才交流中心、共建技术培训基地等，这为中老教育交流合作创造了契机。

一　中国与东盟国家经贸往来：中老高等教育合作的经济基础

经济是教育的基础，教育水平提高又能促进经济的进一步发展。国际经济合作，是开展教育合作的重要条件。高等教育需要与经贸合作协同发展，提升对外开放水平。

（一）中国与东盟国家经贸往来密切

据中国商务部的有关数据，30 年来，中国与东盟经贸合作水平不断提升。2020 年，中国与东盟贸易和投资双双逆势上扬，2020 年 1—9月，双方贸易额达到 4818.1 亿美元，同比增长 5%，中国对东盟全行业直接投资 107.2 亿美元，同比增长 76.6%。2021 年，东盟成为中国最大贸易伙伴，中国则连续 12 年保持东盟第一大贸易伙伴地位，中国与东盟货物贸易额达 8782 亿美元，同比增长 28.1%。其中，中国对东盟出口 4836.9 亿美元，同比增长 26.1%；自东盟进口 3945.1 亿美元，同比增长 30.8%。东盟连续两年成为中国第一大贸易伙伴。2022 年上半年，双方贸易额同比增长 38.2%，继续呈现强劲增长势头。双向投资蓬勃发展，截至 2022 年 6 月底，双方累计投资总额超过 3100 亿美元，在制造业、农业、基础设施、高新技术、数字经济、绿色经济等领域投资合作稳步拓展。良好的经济环境，为中国西南各省区与东盟国家高等教育交流与合作创造了条件。

"一带一路"倡议与东盟互联互通总体规划有效对接，使中国与东盟经贸往来进入新的快速发展阶段。中老铁路、印尼雅万高铁以及中新共建国际陆海贸易新通道、中印尼和中马"两国双园"等一批重大基础设施项目顺利实施，有的已经完成。区域经济融合日益加深，中国—东盟自由贸易区建成以来，双方之间 90% 以上的货物可享受零关税待遇。① 2021 年 12 月，中老铁路开通。该铁路北起中国西南地区的昆明市，向南经玉溪、普洱、西双版纳，过中国磨憨铁路口岸和老挝磨丁铁路口岸，进入老挝北部地区，向南经琅南塔省、乌多姆赛省、琅勃拉邦省、万象省，到达老挝首都万象市。2022 年第一季度，中老铁路国际货运进出口货物约 27.6 万吨，合 29 亿元。其中，出口货物 9.02 万吨，以日用百货、机电产品居多；进口货物 18.58 万吨，主要是东南亚的橡胶、铁矿石、木炭等农矿产品。日均发送旅客 2 万人以上，最高日发送货物 6977 吨。中老铁路不仅方便沿线人民群众出行，两国人员交流，还对拉动沿线旅游、农业、物流等产业发展和促进经济特区、综合开发区、城市化建设有巨大作用。这条铁路可大幅度降低中国大西南物资出口到中南半岛国家的物流成本，也使运输时间大大缩短，从而促进中老之间跨境金融的发展，进而推动中老命运共同体建设的深化。作为老挝通往全球供应链纽带的中老铁路，从长期看将会使老挝的总收入提升21%，到 2030 年，每年沿中老铁路走廊过境货物将会达到 390 万吨，中老铁路正成为国际贸易和物流运输的新通道，为中老命运共同体提供源源不断的活力。②

2022 年 1 月《区域全面经济伙伴关系协定》（Regional Comprehensive Economic Partnership，RCEP）正式生效，中国和老挝都是《区域全面经济伙伴关系协定》成员国，成员国间遵守相互开放市场、贸易自由化程度较高的新型自由贸易协定。

RCEP 有助于促进老挝与中国的贸易往来。中国和老挝是友好近邻，双方互为重要合作伙伴。随着中国—东盟自由贸易区建设进程的推进，中国与东盟区域内双边贸易日益增长，双向投资规模不断扩大。中国—东盟自由贸易区内 90% 以上的商品实行零关税，这极大促进了区

---

① 陈小方：《中国—东盟经贸合作取得重大成果》，中国政府网，2021 年 11 月 25 日，http://www.gov.cn/xinwen/2021-11/25/content_5653281.htm。

② 黄金水：《中老铁路激活了"陆联国"的经济对流空间》，百度网，2022 年 4 月 25 日，https://baijiahao.baidu.com/s? id=1731083564860346734&wfr=spider&for=pc。

域内的投资与贸易。如图 5-8 所示，中国与东盟的贸易额在中国、东盟对外贸易额中占比总体上呈上升趋势。此外，中国—东盟自由贸易区内投资增长迅速，到 2019 年，东盟连续两年成为中国第二大对外投资地，而东盟也成为中国的第三大投资来源地。

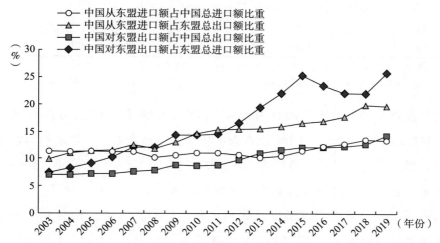

图 5-8　2003—2019 年中国与东盟的贸易额分别在中国和东盟对外贸易额中的比重
资料来源：根据世界银行发布的数据计算得出，参见 https://data.worldbank.org.cn/。

RCEP 能够降低区域内贸易和运输成本，也将推动老挝经济发展。老挝经济的突出优势表现在矿产和农产品等出口贸易以及旅游经济等方面，需要区域内经济要素更自由地流动，而 RCEP 在人员交往和商贸往来方面都为老挝提供了机遇，老挝农产品出口将获得更大市场优势，老挝人出国工作会更加容易。RCEP 让老挝与中国之间的联系更加紧密，将极大推动老挝经济发展。2021 年 12 月，中老铁路开通。RCEP 区域内国家间的商品贸易量将会持续增加，中老铁路货运量也会持续增长，RCEP 与中老铁路作用叠加，能有效降低商品贸易成本。

（二）滇、黔、桂三省区与东盟国家进出口贸易不断扩大

2016—2021 年，云南、广西与贵州加强与东盟国家贸易往来，全国、云南、广西增速明显，分别增长 94%、63%、59%，贵州为 34%（见表 5-19）。

表 5-19   全国、桂滇黔三省区与东盟国家货物进出口总额及增速

单位：亿美元，%

区域	2016 年	2017 年	2018 年	2019 年	2020 年	2021 年	2021 年相比 2016 年增长
全国	4523.76	5154.53	5876.04	6414.87	6850.80	8782.00	94
广西	274.95	280.51	311.53	338.43	344.77	436.58	59
云南	118.33	130.90	137.86	165.76	178.52	192.35	63
贵州	10.55	10.03	8.88	8.12	12.50	14.10	34

注：部分数据转换汇率按各年全年美元对人民币平均汇率计算。
资料来源：国家统计局，http://www.stats.gov.cn/；商务部，http://www.mofeom.gov.cn/。

如表 5-20 所示，2021 年，中国与东盟国家货物进出口总额为
56749.2 亿元，占全国 GDP 比重为 4.96%。分省区看，广西壮族自治区
同东盟国家货物进出口总额占全区 GDP 比重为 11.40%，高于全国平均
水平，云南省、贵州省分别为 4.58% 和 0.47%。从总量上来看，广西、
云南与东盟国家货物进出口总额相对较大。2021 年，云南与东盟国家
货物进出口总额为 1242.9 亿元，同比增长 1%。①

表 5-20   2021 年全国、桂滇黔三省区与东盟国家货物进出口总额占 GDP 比重

单位：亿元，%

区域	与东盟国家货物进出口总额	GDP	占比
全国	56749.2	1143669.7	4.96
广西	2821.2	24740.9	11.40
云南	1242.9	27146.8	4.58
贵州	91.1	19586.4	0.47

资料来源：贵阳海关，国家、广西、云南 2021 年统计公报。

非国有企业主体在对东盟贸易中数量最多，国有企业则在贸易份额
上占比最大。以 2019 年为例，贵州省对东盟贸易企业有 262 家，其中
非国有进出口企业 221 家，占比近 85%，且以中小民营企业为主。云南
省对东盟出口 85.14 亿美元，占云南省外贸出口总值的 56.56%。2020

————————————

① 《2021 年云南外贸进出口同比增长 16.8%》，云南省人民政府官网，https://
www.yn.gov.cn/sjfb/sjyw/202202/t20220202_235639.html。

年广西对东盟进出口总值达 2375.7 亿元，再创历史新高。长期以来，东盟是广西第一大贸易伙伴，对东盟国家外贸进出口总额由 2012 年的 747.5 亿元增长到 2021 年的 2821.2 亿元。2021 年以来，广西紧紧抓住 RCEP 生效实施的重大机遇，及时出台高质量实施 RCEP 的行动方案，持续推动深化以东盟为重点的 RCEP 区域合作，跑出了"加速度"。①

2019 年 8 月 30 日，中国（广西）自由贸易试验区、中国（云南）自由贸易试验区同日挂牌。2021 年 9 月，双方签署《沿边自由贸易试验区协同制度创新框架协议》，联动探索融入中国—东盟自贸区 3.0 版建设。随着中国与东盟共同推动的《区域全面经济伙伴关系协定》成功签署并于 2022 年 1 月 1 日生效实施，广西和云南再次迎来新机遇。

贵州省目前已在进口东盟的橡胶产品，伴随着多条交通动脉和港口的完善，因两地气候的差异而形成的水果、蔬菜品种的差异为两地农业合作提供了较好的基础条件。此外，贵州省依据山地特色所研发的农业现代化技术，向东盟农业现代化水平依然较低的国家推广，以实现互惠共赢。将贵州省与东盟的优势结合起来，可形成有秩序的产业分工和快速的产品输送渠道。根据贵州农业发展的实际需要，有针对性地对东盟国家进行相应农业技术培训与示范、技术转移，加强信息沟通和人才交流，进一步提升东盟国家农业综合发展能力，让农业技术人员在"一带一路"建设背景下服务东盟国家。依托中国—东盟教育交流周开放平台，举办农业专场对接会，向东盟国家推介贵州省优势农产品，助推"黔货出海"。

（三）滇、黔、桂三省区与老挝进出口贸易不断扩大

2018 年，云南省、广西壮族自治区与贵州省加强与老挝贸易往来。下文对三省区与老挝的进出口贸易数据进行深度分析，以便我们可以更深入地了解三省区与老挝的实际进出口贸易状况。

如表 5-21 所示，2018 年云南、贵州、广西与老挝进出口贸易总额分别为 10.612 亿美元、0.393 亿美元、0.935 亿美元。同期，全国与老

---

① 韦万春：《广西与东盟贸易现状分析及展望》，《当代广西》2021 年第 17 期。

挝进出口贸易总额达到 34.734 亿美元。如表 5-22 所示，2016—2018 年，云南、贵州、广西与老挝进出口贸易总额呈上升趋势（2018 年贵州与老挝进出口贸易额略有下降），进一步说明云南、贵州、广西与老挝进出口贸易不断扩大。

表 5-21　2018 年滇、黔、桂三省区与老挝进出口贸易总额

单位：亿美元

区域	总额	进口	出口
全国	34.734	20.196	14.538
云南	10.612	7.734	2.878
贵州	0.393	0.055	0.338
广西	0.935	0.772	0.163

资料来源：国家统计局，http：//www.stats.gov.cn/；商务部，http：//www.mofcom.gov.cn/。

表 5-22　2016—2018 年滇、黔、桂三省区与老挝进出口贸易总额

单位：亿美元

年份	云南与老挝进出口贸易总额	贵州与老挝进出口贸易总额	广西与老挝进出口贸易总额
2016	9.244	0.161	0.391
2017	10.034	0.439	0.517
2018	10.612	0.393	0.935

资料来源：国家统计局，http：//www.stats.gov.cn/；商务部，http：//www.mofcom.gov.cn/。

如表 5-23 所示，2018 年中国对老挝货物进出口总额为 34.734 亿美元。分省区看，云南省同老挝货物进出口总额占全国同老挝货物进出口总额比重为 30.55%，高于全国平均水平，贵州省、广西壮族自治区分别为 1.13% 和 2.69%。从总量上来看，云南与老挝货物进出口总额相对较大。

表 5-23　2018 年全国、滇黔桂三省区与老挝货物进出口总额及全国占比

单位：亿美元，%

区域	与老挝货物进出口总额	全国占比
全国	34.734	—
云南	10.612	30.55

续表

区域	与老挝货物进出口总额	全国占比
贵州	0.393	1.13
广西	0.935	2.69

资料来源：中国海关总署网站，http://www.customs.gov.cn/。

从进出口贸易总出口来看，如表 5-24 所示，2016—2018 年云南、贵州、广西与老挝出口贸易总体呈上升趋势。2018 年云南、贵州、广西与老挝出口贸易额分别为 2.878 亿美元、0.388 亿美元、1.637 亿美元。

表 5-24　2016—2018 年滇、黔、桂三省区与老挝出口贸易额

单位：亿美元

年份	云南与老挝出口贸易额	贵州与老挝出口贸易额	广西与老挝出口贸易额
2016	2.644	0.143	1.289
2017	2.368	0.439	1.937
2018	2.878	0.388	1.637

资料来源：商务部网站，http://www.mofcom.gov.cn/。

从进出口贸易总进口来看，如 5-25 所示，2016—2018 年云南、贵州、广西与老挝进口贸易呈平缓上升趋势。2018 年云南、贵州、广西与老挝进口贸易额分别为 7.734 亿美元、0.055 亿美元、0.772 亿美元。

表 5-25　2016—2018 年滇、黔、桂三省区与老挝进口贸易额

单位：亿美元

年份	云南与老挝进口贸易额	贵州与老挝进口贸易额	广西与老挝进口贸易额
2016	6.599	0.018	0.261
2017	7.665	0.032	0.323
2018	7.734	0.055	0.772

资料来源：中国国家统计局网站，http://www.stats.gov.cn/。

贵州省不断加强与老挝的经贸与旅游交流合作。2023 年 11 月 29 日，贵州省文化和旅游厅参加老挝占巴塞省在贵阳举办的贸易与旅游投资促进会。老挝新闻文化旅游部授权在贵州省南山驿站建立老挝风情园。贵州南山好花月园旅游文化投资有限公司与老挝占巴塞省布拉万金

地旅游有限公司签署合作协议，并在老挝万荣承建了万象省万荣市旧机场旅游综合体项目。

2024 年 5 月 8 日，260 余名游客搭乘"多彩贵州号"贵阳—西双版纳—老挝"熊猫专列"从贵阳火车站出发，开启为期 8 天的异国风情之旅。这是首列由贵阳开出至老挝的"熊猫专列"。据中国铁路成都局集团有限公司贵阳车站相关负责人介绍，该趟旅游专列采取"专列+动车+汽车"的多元出行模式，游客乘坐"熊猫专列"由贵阳出发，抵达云南西双版纳后，换乘动车组前往老挝的万象、琅勃拉邦等地，然后再搭乘汽车前往各旅游景点。2024 年 5 月 9 日，"多彩贵州号"旅游专列抵达万象。老挝新闻文化旅游部规划与国际合作司、旅游宣传司、旅游发展司、办公室和万象市文旅厅主要负责同志出席欢迎仪式。2024 年 5 月，贵州省委副书记、省人民政府省长李炳军出访老挝，共同举办经贸文旅合作座谈会，宣介贵州民族文化、自然资源、桥梁建设、旅游线路等，邀请老挝 10 家旅游企业、协会参加并分别在三场座谈会上签约。

二　区域合作不断深化：中老高等教育合作交流新机遇

（一）"一带一路"为中老高等教育合作带来新机遇

新中国成立初期，中国就与今共建"一带一路"国家签署了教育协议。改革开放之后，中国与这些国家的教育协议签署数量呈显著上升趋势。近年来，随着"一带一路"倡议的提出，中国与这些国家的教育协议数量迅速增多，显示出中国与这些国家教育合作的不断深化。截止到 2017 年 4 月，中国已与 20 多个共建"一带一路"国家签订了 28 项学历学位互认协议（包含续签和修订协议），其中包括东盟的泰国、菲律宾、越南、马来西亚、印度尼西亚。[①]"一带一路"倡议提出以来，

---

① 　叶雨婷：《我国已与 24 个"一带一路"国家签订学历学位互认协议》，中华人民共和国教育部，2017 年 4 月 20 日，http://www.moe.gov.cn/jyb_xwfb/xw_fbh/moe_2069/xwfbh_2017n/xwfb_170419/170419_mtbd/201704/t20170420_302904.html。

中国与共建"一带一路"国家学历学位互认进入新阶段，中国教育部秉承"促进民心相通，提供人才支撑"目标，加紧开展了同共建"一带一路"国家在学历学位互认领域的重点合作，为更多沿线国家学生来华留学创造了条件。值得注意的是，截至目前中国与老挝尚未相互承认学历学位，相关工作仍有待继续推进，通过学历学位互认深化中老高等教育交流与合作。在共建"一带一路"的背景下，中老两国高等教育领域的交流与合作日趋频繁，彼此在各自高等教育发展中的地位越发重要。随着中国—东盟教育交流周等平台的建立与发展，我国与老挝的教育交流合作日趋频繁，老挝来华留学数量稳步增长，开展老挝区域国别研究的平台不断增多，这些优势为我们更好地开展与老挝的国际教育交流合作奠定了良好的基础。在这一背景下，滇、黔、桂三省区高校应抓住机遇，积极深化与东盟国家的交流合作，促进各省区高等教育高质量发展，提升国际学术话语权。

（二）RCEP 为中国与东盟教育合作带来新的机遇

随着我国参与的经贸规模最大、涉及人口最多、最具发展潜力的自贸协定 RCEP 于 2022 年 1 月 1 日正式生效，它将对我国经济高质量发展、对外经贸合作产生重大影响，使我国在东亚经济一体化进程中扮演更为重要的角色。RCEP 框架下中国与东盟关系的推进需要双边教育深度合作，在产学融通、人才培养和人才流动等方面发挥积极的支撑作用。RCEP 必将给中国与东盟教育合作带来新的机遇，中国将进一步发挥高等教育特色与优势，为 RCEP 实施背景下高素质国际化人才培养、人才流动、资源共享，以及共同发展理念落地生根和中国—东盟命运共同体构建提供支撑。在 RCEP 实施背景下，将教育合作置于更加突出和重要的地位，以教育为媒，可以不断深化中国与东盟国家之间的人文交流，优化中国与东盟教育合作的体制机制，有助于实现更大范围、更深程度的互联互通。[①] 2021 年 9 月，中国教育部部长怀进鹏在中国—东

---

① 邵琪、张义民：《中国—东盟教育合作呈现新趋势》，《中国教育报》2022 年 6 月 9 日，第 9 版。

盟教育交流周开幕式上强调，中国政府将继续坚持建设高质量教育体系，落实关于加快和扩大新时代教育对外开放的政策举措，深化同包括东盟国家在内世界各国的教育交流合作。《教育部 2022 年工作要点》强调，要加强同东盟国家在职业教育、学历互认等领域的合作，建立中国—东盟教育高官磋商机制，办好中国—东盟教育交流周。因此，随着 RCEP 的实施，中国与东盟教育合作迎来了难得的发展机遇。滇、黔、桂三省区应当积极推动教育与经贸合作协同发展，提升对外开放水平，优化面向 RCEP 的教育对外开放布局，进一步推进产学融通、国际教育交流合作，提升国际化人才培养质量，为推进"一带一路"建设高质量发展、建设关系更为紧密的中国—东盟命运共同体贡献教育力量。

三　中国高等教育跨越发展为对老高等教育交流合作创造条件

党的十八大以来，中国高等教育快速发展，成绩斐然，在规模和质量上都取得了令人瞩目的成就。我国建成世界最大规模高等教育体系，在学总人数超过 4430 万人，高等教育毛入学率从 2012 年的 30% 提高至 2021 年的 57.8%，提高了 27.8 个百分点，实现了历史性跨越，高等教育进入世界公认的普及化阶段。通过"双一流"建设计划，一批大学和一大批学科已经跻身世界先进水平，中国高等教育整体水平进入世界第一方阵。① 与此同时，中国的高等教育从过去的增量改革转变为存量改革，从传统的人才培养模式正转变为创新型人才培养模式。中国高等教育对建设中国特色社会主义强国、实现中华民族伟大复兴的中国梦具有了更大的贡献力。

（一）　滇、黔、桂高校众多

截至 2021 年 9 月 30 日，全国高等学校共计 3012 所，其中普通高等学校 2756 所（本科 1270 所、专科 1486 所），成人高等学校 256

---

① 晋浩天：《历史性成就　格局性变化——我国高等教育十年发展振奋人心》，《光明日报》2022 年 5 月 18 日，第 1 版。

所。① 经过近几十年的发展，高等教育已经初具规模。

截至 2021 年 9 月 30 日，西南三省区中，云南省共有普通高等学校 82 所，占全国高校总数的 2.72%；包括本科学校 32 所，专科学校 50 所，结构占比为 39∶61。云南省的民办学校共有 21 所，占云南省高等学校数量的 25.61%，其中 9 所为本科学校，12 所为专科学校。贵州省高等院校总数为 72 所，包括本科学校 29 所，专科院校 43 所。贵州省高等教育发展迅速，为贵州经济文化发展培养了大批人才。广西共有本专科院校 85 所，其中普通本科院校 36 所，职业本科院校 2 所，专科高职高专院校 47 所。无论在高校数量、规模上，还是办学基础条件、办学特色上，我国高等教育相对老挝都具有一定优势。

（二）滇、黔、桂高校学科门类齐全，师资力量雄厚

中国高等教育不仅在数量上占绝对优势，而且学科门类齐全，学科资源配置逐渐合理，师资力量有保障。2015 年，国务院颁布《统筹推进世界一流大学和一流学科建设总体方案》，标志着我国学科建设制度从重点学科建设制度到一流学科建设制度的转变，该方案明确了建设世界一流大学和一流学科的主要任务。2017 年，教育部、财政部、国家发展改革委印发《统筹推进世界一流大学和一流学科建设实施办法（暂行）》。同年，教育部、财政部、国家发展改革委发布《关于公布世界一流大学和一流学科建设高校及建设学科名单的通知》，确定 137 所高校的 465 个学科为一流建设学科，其中 44 个是高校"自定"学科。按照学科门类进行划分，一流建设学科名单中理学学科为 104 个，工学学科为 188 个，农学学科为 24 个，医学学科为 42 个，哲、经、法、教、文、史、管、艺（属于人文社科的学科门类）学科为 107 个。2019 年 4 月，教育部正式发布了《关于实施一流本科专业建设"双万计划"的通知》，该计划旨在 2019 年至 2021 年建设 1 万个左右国家级一流本科专业点和 1 万个左右省级一流本科专业点。从"双一流"高校建设

---

① 《全国高等学校名单》，中国政府网，2021 年 10 月 31 日，https://www.gov.cn/xinwen/2021-10/31/content_5648029.htm。

到教育部的"双万计划",建设一流师资队伍也一直是主要任务。高等教育学科门类齐全,学科资源配置日趋合理,师资队伍建设不断加强。

　　云南、贵州及广西的高等院校经过多年发展,学科门类设置相对齐全,学科发展均衡,一些专业性较强的优势专业具有较强吸引力。例如,云南大学、昆明理工大学、贵州大学、贵州师范大学、广西大学等有高质量工学、理学等学科,某些学科也具有一定的区域文化特色,云南民族大学、贵州民族大学和广西民族大学开设相应特色课程,开展民族学研究,进行少数民族文化的挖掘、整理、传承与保护。老挝也是一个多民族国家,这些专业也正是其所需。

　　云南、贵州及广西的高等院校学科实力较强,很多具备招收硕士、博士生资格(见表5-26、表5-27、表5-28)。

表5-26　2022年云南省硕士、博士生招生单位

序号	云南省研究生招生单位	招收硕士生	招收博士生
1	云南大学	√	√
2	昆明理工大学	√	√
3	云南农业大学	√	√
4	西南林业大学	√	√
5	昆明医科大学	√	√
6	大理大学	√	×
7	云南中医药大学	√	√
8	云南师范大学	√	√
9	云南财经大学	√	√
10	云南艺术学院	√	×
11	云南民族大学	√	√
12	云南警官学院	√	×
13	昆明学院	√	×
14	昆明物理研究所	√	√
15	昆明贵金属研究所	√	×

注:昆明物理研究所隶属于中国兵器工业集团公司,昆明贵金属研究所为转制科研单位。

资料来源:中国研究生招生信息网;云南省硕士生招生单位信息源自 https://yz.chsi.com.cn/sch/search.do? ssdm=53&yxls=,博士生招生信息源自 https://yz.chsi.com.cn/bsmlcx/。

表 5-27　2022 年贵州省硕士、博士生招生单位

序号	贵州省研究生招生单位	招收硕士生	招收博士生
1	贵州大学	√	√
2	贵州医科大学	√	√
3	遵义医科大学	√	√
4	贵州中医药大学	√	√
5	贵州师范大学	√	√
6	黔南民族师范学院	√	×
7	贵州财经大学	√	√
8	贵州民族大学	√	√
9	贵阳学院	√	×
10	中国航天科工集团第十研究院	√	×

注：中国航天科工集团第十研究院隶属于工业和信息化部。

资料来源：中国研究生招生信息网；贵州省硕士生招生单位信息源自 https://yz.chsi.com.cn/sch/search.do？ssdm=52&yxls=，博士生招生信息源自 https://yz.chsi.com.cn/bsmlcx/。

表 5-28　2022 年广西壮族自治区硕士、博士生招生单位

序号	广西壮族自治区研究生招生单位	招收硕士生	招收博士生
1	广西大学	√	√
2	广西科技大学	√	×
3	桂林电子科技大学	√	×
4	桂林理工大学	√	√
5	广西医科大学	√	√
6	右江民族医学院	√	×
7	广西中医药大学	√	√
8	桂林医学院	√	×
9	广西师范大学	√	√
10	南宁师范大学	√	×
11	广西艺术学院	√	×
12	广西民族大学	√	√
13	广西财经学院	√	×
14	北部湾大学	√	×
15	陆军特种作战学院	√	×

注：陆军特种作战学院隶属于中国人民解放军。

资料来源：中国研究生招生信息网；广西壮族自治区硕士生招生单位信息源自 https://yz.chsi.com.cn/sch/search.do？ssdm=45&yxls=，博士生招生信息源自 https://yz.chsi.com.cn/bsmlcx/。

云南省有 15 个院校和科研机构具备招收硕士研究生资格，有云南大学、昆明理工大学、云南师范大学等 10 个高校和科研机构具有招收博士生资格。贵州省有贵州大学、贵州师范大学、贵州医科大学等 10 个高校和科研机构具备招收硕士研究生资格，有贵州大学、贵州师范大学等 7 所院校具备招收博士生资格。广西壮族自治区的高校中，广西大学、广西师范大学等 15 所院校有招收硕士研究生资格，广西大学、桂林理工大学等 6 所院校具备招收博士研究生资格。这些大学和科研机构的办学能力远远超过老挝的大学和科研机构。

高等学校师资队伍是教育资源的重要组成部分，也是教育发展的核心力量。高等教育师资队伍力量直接关系到一个地区高等教育的高质量发展，也会影响当地经济社会发展。贵州省各高校通过加强师资队伍建设，师资力量不断增强。以贵州大学为例，贵州大学现有专任教师 2700 余人，专任教师中具有博士学位者占比 57.85%。有中国工程院院士 2 人、国际欧亚科学院院士 1 人、国家杰出青年科学基金项目获得者等国家级领军人才 33 人次、中宣部全国文化名家暨"四个一批"人才等国家级青年人才 50 人次；国务院学科评议组召集人 1 人；教育部高等学校教学指导委员会委员 25 人、教育部科技委委员 3 人；贵州省重点联系省管专家 27 人、省管专家 93 人。有连续 6 年入选全球"高被引科学家"名录 1 人；入选 Elsevier"中国高被引学春"榜单 3 人。[1]

（三）滇、黔、桂高校与东盟国家有良好交流合作基础

云南省、贵州省和广西壮族自治区的高校与东盟国家高等教育交流频繁，有国际交流的基础。2012 年，云南省教育厅在老挝万象举行中国（云南）—老挝教育合作推介会，签署《云南省教育厅与老挝工商联合会教育合作谅解备忘录》《云南省教育厅与老挝科技部教育合作谅解备忘录》《云南省教育厅与老挝教育体育部教育合作谅解备忘录》等文件，重点在加强学生高等教育、加强医学教育合作、推广农业教育三个方面进行合作。2016 年 7 月，云南省玉溪市红塔区政府与老挝占巴塞省

---

[1]　贵州大学校园网，https://www.gzu.edu.cn/266/list.htm。

签订了教育和文化事业建设发展资金捐赠协议。同一时期，云南省普洱市与老挝丰沙里省进行教育合作。由于云南省政府卓有成效的工作，云南与老挝的高等教育交流合作走在全国的前列，特别是对老挝留学生的培养形成了较完整的体系，云南成为老挝在中国留学生人数最多的省份。

广西壮族自治区在与东盟国家的教育交流合作中积累了丰富的经验和人脉资源。自 2007 年起，广西设立了老挝留学生奖学金、柬埔寨留学生奖学金，2011 年设立东盟国家留学生奖学金，经费于 2014 年达到1700 万元，奖励优秀东盟留学生 300 多人。2015 年，广西壮族自治区教育厅组织广西 22 所本科院校组成广西高等教育代表团赴老挝、柬埔寨举办教育展。广西高校近年来以东盟为重点，大力培养"一带一路"建设所需的各类技术技能复合型人才；通过各类面向东盟的人才培训中心（基地）以及在境外开办的分校、建立的技术技能培训基地等，帮助驻外中资企业和东盟国家培养和培训医学、农业、汽车、铁路运输等领域技术技能型人才 1.3 万多人次。同时，依托在泰国、老挝、柬埔寨、马来西亚、印度尼西亚等东盟国家设立的分校、联合科研实验室、农业合作试验站、中医传统医药教学点等，广西各所高校主动提供教学方案和专业课程，推广教育专业标准、人才培养标准、实验室建设标准及产业技术标准等。近年来，广西与东盟教育对话机制加快完善，来桂留学生人数稳步增长，东盟国家留学生在 2019 年首次突破 1 万人。①

贵州省虽然是内陆省份，近几年来却在与东盟教育交流合作中异军突起，成绩斐然。2008 年，首届中国—东盟教育交流周在贵州省举办，开启了贵州省与东盟教育交流合作的新纪元。2013 年，贵州省人民政府设立了贵州省外国留学生奖学金，2015 年 8 月，第八届中国—东盟教育交流周期间，贵州与老挝教育体育部签署 5 年合作协议，在协议期内向老挝提供职业技能培训、本专科及硕博研究生等类别的来黔留学奖学金。2016 年，贵州省启动了"黔老留学生奖学金"项目，计划 2016—

① 刘峣、杨琳钰：《教育交流促民心相通——广西建设中国—东盟教育交流合作高地》，《人民日报》（海外版）2021 年 12 月 30 日，第 8 版。

2020 年向老挝提供博士研究生、硕士研究生、本科生、专科生、培训研修等类别的奖学金，资助年限从 1 年到 5 年不等。从 2008 年至今，中国—东盟教育交流周在贵州省已经举办了 17 届，贵州省高校利用中国—东盟教育交流周平台扩大对外合作渠道，积极引进优质教育资源，加强学术交流，开展师生互派、校际互访等项目，为贵州省高等教育国际化提供了很好的平台，来黔留学的东盟国家留学生人数日益增加。2020 年，贵州省 3 所中国政府奖学金来华留学生培养院校（贵州大学、贵州师范大学、贵州民族大学）及孔子学院奖学金来华留学生培养院校（贵州大学、贵州财经大学）在册留学生中有本科生 593 人，硕士生 248 人，博士生 41 人，普通进修人员 120 人，共计在册 1002 人，占全省各国留学生总人数的 36.9%。招收留学生的 28 所高校中，留学生总人数最多的为贵州大学，其次为铜仁学院。留学生生源大多来自东盟国家，其中贵阳幼儿师范高等专科学校 2022 年招收的 88 名留学生全部来自老挝，可见东盟国家是贵州省留学生的主要生源地。[①] 截至 2020年，来黔长短期留学生共计 2953 人，生源地覆盖近 60 个国家及地区，其中东盟留学生占 2/3 以上，分别来自泰国、老挝、越南、柬埔寨等东盟国家，尤其是来自老挝的留学生比例最高。例如，贵州民族大学2019 年老挝留学生占了 58%。[②]

（四）滇、黔、桂高校国际人才培养模式初步形成

在经济全球化背景下，国与国之间的交流日益密切，经济贸易往来更加频繁。语言是两国之间沟通的桥梁。目前，我国许多高校纷纷设立语言专业，包括一系列小语种专业，以顺应时代发展需要。截至 2019年，云南高校中有 43 所开设了 62 个小语种专业，24 所本科院校设有30 个专业点，已涵盖东南亚国家语种，云南民族大学成为西南地区首个开全南亚及东南亚 15 个语种专业的学校。2019 年 3 月，贵州省教育厅通过了《贵州省加强外语非通用语种人才培养和学科专业建设服务

---

① 参见贵州省教育厅国际处关于贵州省高校 2020 年来华留学生统计数据。
② 参见贵州民族大学网站。

"一带一路"建设实施方案》，根据方案的要求和部署，力争 5—10 年，实现贵州高校开设非通用语种专业和课程基本覆盖东盟国家的官方语言，贵州大学新增缅甸语本科专业，贵州民族大学新增老挝语、泰语和越南语本科专业。随着广西与东盟国家交流与合作越来越紧密，以及中国—东盟自由贸易区在双方经贸往来中发挥越发重要的作用，对东盟小语种人才的需求近年来也快速增长，广西大学、广西外国语学院、广西民族大学等高校纷纷开设越南语、泰语、老挝语、柬埔寨语、印度尼西亚语、缅甸语本科专业。各个学校在人才培养上不断探索新模式，体现在以下几个方面。

第一，创新人才培养模式。积极探索专业型、复语型和复合型等多种非通用语种人才培养模式。人才培养定位为外语能力与学科专业训练并重、知识学习与国别研究能力并举、专业教育与通识教育并进、中国情怀与国际视野兼备。积极打造具有区域优势的非通用语种学科群，进一步完善非通用语种人才培养机制。

第二，探索非通用语专业型人才培养模式。开设共建"一带一路"国家非通用语种专业，适应新时代对非通用语种专业人才的需求，培养一批外语基本功扎实，且熟知对象国国情与文化，能够从事翻译、文化交流等工作的非通用语种专业型人才。

第三，探索"通用语+非通用语"复语型人才培养模式。在通用语种专业下开设非通用语种第二外语课程。在培养过程中，通用语种和非通用语种的学习兼顾并进，使学生既具备双外语能力，又能深入了解对象国国情，成为具备较强跨文化交际能力的高水平复语型人才。

第四，探索"专业+非通用语"复合型人才培养模式。高校结合学科专业发展需要，进行跨学院、跨专业、跨学科联合培养，开设非通用语种相关课程，使学生在掌握专业学科知识的同时，也能较熟练地运用对象国的语言进行交流和工作。职业院校利用校企合作方式，定向培养企业"走出去"急需的技能型非通用语种人才，使学生在掌握本专业职业技能的同时，了解对象国社会文化背景，能运用对象国官方语言，服务企业到共建"一带一路"国家开展业务。

四　高等教育国际化趋势：中老高等教育交流合作的现实需要

随着区域一体化、全球化的发展，高等教育国际化是教育发展的必然趋势和潮流。在全球化的背景下，各国正积极与其他国家开展多层次、多领域的教育交流与合作，取长补短，创新教育理念和教学模式，紧跟世界发展的潮流，适应全球化的要求。经过多年的发展，老挝高等教育已经取得一定成绩，为老挝社会经济的发展发挥了重要的作用。但由于老挝高等教育实施时间比较短，教学质量、数量和结构是老挝未来高等教育面临的挑战。多年以来，中国高等教育，尤其是我国西南地区云南省、贵州省和广西壮族自治区的高校与老挝的高等教育合作取得了一定的成果，培养了大量的老挝学生，留学生的人数逐年增加，教育质量也不断提高。但由于多方面的原因，双方高等教育的合作还存在一些需要改善和提升的地方，需要我们去分析和探究。

（一）　高等教育国际化是老挝高等教育发展的路径选择

近年来老挝对高等教育高度重视，采取多种有效措施，加大教育经费投入力度，高等教育发展迅速，取得了不少成绩。例如，高等教育教师队伍的规模增长。1996 年，老挝精简合并全国的师范院校，采用多种灵活的培养模式，分阶段分层次地培养师范学生。高等教育的授课教师由师范大学或大学的师范学院培养，保证高等教育教师队伍的质量。1986 年，老挝的高校教师仅有 300 余人，2010 年，高校教师达到 2683 人。在教育环境设施的投入上也有显著变化。1975 年以来，老挝教育投资总量快速增长，2010 年教育总支出占国内生产总值的比例达到 13.4%（见表 5-29）。老挝政府不断拓展多元化的投资渠道，为教育资金助力，如向企业收取教育服务费、增设收费的教学设施等。在对教育环境设施的投入上，高校积极参与，如建设高校电子阅览室、引入电脑和网络技术等，从而极大地改善了高等教育基础设施。

除此之外，老挝高等教育质量提升较快，入学率上升是其明显表现。1995 年，《私立教育法》的颁布大大促进了私立高等教育的发展，私立高校的学生人数大幅增加。2001 年至 2007 年，老挝的在校本科生

表 5-29　老挝高等教育五年计划教育支出情况

单位：亿元，%

项目	1990 年	1995 年	2000 年	2005 年	2010 年	2015 年
教育总支出	26.83	87.96	232.19	689.68	1358.74	1569.2
教育支出占 GDP 比例	0.8	3.2	5.3	8.3	13.4	14.6

资料来源：老挝国家人力资源发展规划 2020 版本（老挝语）。

从 4187 人上升到 17640 人，高等专科教育的在学人数从 2621 人增长到 8752 人。由此可见，老挝政府在促进高等教育发展方面所做出的努力卓有成效。

整体上，老挝政府采取措施有很大成效，教育体系在不断完善，政府在教育方面的经费投入不断增加，很多企业和个人也逐渐参与到教育事业当中，国民受教育程度逐年提高。小学入学率提高，辍学率降低，初中和高中入学率也逐年提高，高中毕业后进入大学继续学习的学生数量不断增加，未能进入大学的同学也可以进入高级职业技术学校进行专业知识和专业技能的学习。老挝青年文盲率降低，全国受教育者数量明显增加，各个层次教育的教学质量也有所提高。但也应注意到，老挝高等教育还存在一些问题，主要表现在以下几个方面。

一是教育起步较晚，高等学校数量少。老挝高等教育具有佛教文化特色。老挝是一个信奉佛教的国家，有 80% 以上的人信奉佛教。1909 年，老挝的初等教育大多依靠寺庙学校。20 世纪 50 年代，老挝现代高等教育开始发展，社会各界开始重视教育，兴办一些高等学校的校舍，到了 1958 年，位于老挝万象的皇家法律和管理学院开办招生，这也是老挝现代高等教育开始的标志。当然规模都不大，投入也非常有限。

二是老挝的学生规模偏小。数据显示，2018—2019 学年，老挝全国高等教育系统（综合大学、学院、师范类院校）在校生总人数仅为 131674 人，接受老挝高等教育的学生规模整体偏小。

三是学科专业布局不完整，不能适应人才需求。从 1993 年开始，老挝政府致力于开发人力资源，提高高等教育的质量与效益，大力培养高级金融人才、高级科技人才、高级管理人才和高技能人才。但总体而言，由于老挝高等教育发展缓慢，高等教育规模较小，高校办学效率低下，尚不能满足经济发展对各方面新型人才的需求。2018—2019 年度，老挝全国共有 92 所高等职业技术类学校，其中直属老挝教育体育部的公立职业类学校有 25 所。老挝高校中最有代表性的综合性大学老挝国立大学共有 13 个学院，基本涵盖经济学、法学、教育学、文学、历史学、理学、工学、农学、医学、管理学、艺术学等学科。此外老挝国家政治行政学院开设有哲学等学科，国防学院开设有军事学等学科。可以说老挝基本形成了门类较为齐全的学科体系，但是只有老挝国立大学具有招收博士生的资格，学科专业布局仍不完整。

四是教育经费投入不足。老挝高等教育经费主要靠财政拨款，但是由于老挝经济发展水平过低，财政收入本就不高，教育经费占财政收入的比例很低，政府拨的专项教育经费大部分只能满足高校教学管理工作和教职工工资发放，而专业建设等方面的经费一般由各高校自己承担，从而导致高校教学设施不完善，教师工资福利低，进而直接影响教师的积极性。目前老挝尚属于亚洲第二贫穷国家、世界低度开发国家，国家政治、经济、文化发展水平较低，制约了其高等教育发展。

根据表 5-30，2016—2020 年老挝高等教育资金需求总计均远大于总投资，教育事业发展所需资金严重不足。同时，科研经费和教师培养金额较低。教育是提升综合国力的必要条件，老挝高等教育水平较低的现状直接制约了老挝政治、经济、文化的发展。高等教育对国家政治、经济、文化发展具有反作用力，加大对教育领域的投资力度对推动国家全面发展至关重要。

表 5-30　2016—2020 年老挝高等教育支出情况

单位：百万基普

教育支出项目	2016 年	2017 年	2018 年	2019 年	2020 年
学校管理费	19765	20879	21246	23580	25280
津贴	17250	18221	18542	20579	22063
教师培训和培养费	2886	2866	2752	2891	2942

续表

教育支出项目	2016 年	2017 年	2018 年	2019 年	2020 年
教学设备经费	20000	20000	20000	20000	20000
科研经费	5000	5000	5000	5000	5000
小计	64901	66966	67540	72050	75285
教室建设和维修	4058	6855	2985	13671	10472
实验室建设	16000	16000	16000	16000	16000
科技大学建设	—	21410	21410	21410	21410
沙湾拿吉大学建设	25000	50000	50000	50000	50000
苏发努冯大学	—	5000	5000	5000	5000
SEAMEO 中心建设	—	15000	10000	10000	5000
总投资	45058	114265	105395	116081	107882
资金需求总计	109959	181231	172935	188131	183167

资料来源：《老挝教育发展五年规划（2016—2020）》。

五是教育资源分布不均衡。从行政区域来划分，老挝主要划分为北部、中部和南部。中部为首都万象所在地。截至 2019 年，万象市所在的中部地区集中了老挝大半的高等院校（万象市总共有 47 所高等院校），其中包含两所大学，一所是隶属教育体育部的老挝国立大学，一所是隶属公共卫生部的医科大学。高等院校数量排名第二的省份是位于老挝南部的沙湾拿吉省，共计 11 所高校，排名第三的是占巴塞省（同样位于老挝南部），共计 9 所高校。老挝其他省份的高校数量都较少。从高校的分布情况来看，我们可以看出老挝的主要教育资源都集中在首都万象市，还有其他几个经济发展较快的省份，剩余省份高等教育资源稀缺。教育资源分布不均除了体现在各地高校的数量上，同时也体现在各地高校的师资力量上。而在现有师资中，万象高校的师资不论是数量还是质量，都是其他地区不能相比的。2018—2019 学年，老挝高校专职教师和工作人员共计 5222 人，其中万象高校约 3000 人，达到总人数的 57.4%。① 综上，老挝高等教育资源的分布大多集中在政治、经济发

---

① 陈淑梅、全毅：《TPP、RCEP 谈判与亚太经济一体化进程》，《亚太经济》 2013 年第 2 期。

展较好的城市。而在经济不发达、地理位置比较偏远的地区，尤其是少数民族地区，教育资源少，质量也未能达标。老挝的教育资源主要集中在以首都万象为中心的中部地区，这一地区教育资源明显要好于北部和南部。老挝高等教育资源呈现明显的地域分布不均现象。

六是师资水平有待提高。根据老挝高等教育现状我们可以得知，2018—2019学年度老挝全国5所最著名大学的专职教师数量合在一起统计也不超过3000人。按照老挝教育体育部的师资配比要求，专职教师中博士、硕士、学士的比例为1∶6∶3的标准，但是老挝很多高校依然没有达到这个比例要求。老挝高等院校教师以学士、硕士为主，博士比例极低，学历层次水平亟待提高。其次，无论是公立还是私立高校教师，教学资历均较浅。老挝教育体育部规定：到2020年大学师资水平规划为"1+6+3"型，即具有博士学位的教师要占10%，2011年仅占4%；具有硕士学位的教师要占60%，但仅占15%；具有学士学位的教师要减少到30%。从整体上看，教师学历层次偏低且高校教职工的科研能力有限，此外，资金、设施设备、科研政策支持不足。同时，高校教师数量不足，很多私立高校缺乏教师，只能通过邀请公立高校教师去讲课的方式来解决这个问题。

上述种种问题给老挝高等教育的发展带来不同程度的影响，老挝高等教育要形成新的突破，除挖掘、整合自身资源外，走高等教育国际化道路是其外部路径选择。

一是通过教育对外开放，获得教育援助，助力老挝高等教育发展。积极争取联合国教科文组织、国际金融机构的援助和贷款，更加快了国际教育资本的流入，为老挝高等教育规模的扩大提供了资金保障。老挝高等教育有了量的提升和质的变化，开创了新局面。

二是通过教育对外开放，增加师生获得受教育机会。在老挝的高等教育鼓励留学的开放政策下，老挝政府支持高校学生到其他国家去留学深造，出国留学的人数也实现了爆发式增长。同时，在国际范围内积极寻求更多的教育经费支持，为老挝贫困学生寻求其他国家的政府和地区奖学金，有机会赴国外接受高等教育，弥补老挝高等教育学生规模小的不足。此外，老挝高等院校教师获得教育资助，赴国外留学，教师整体学历水平得到提高，师资力量得到增强。老挝着力引入资金，改变高等教育投入不够的状况，高等教育水平日益提升。

三是通过教育对外开放，改善老挝高等教育学科布局不合理的状况。老挝在遵循本国国情的基础上发展高等教育事业，充分借鉴国外办学经验，积极鼓励本土高校与国外高校合作办学，开展多种形式的合作办学项目。老挝教育体育部还通过灵活的形式同多个国家或者地区教育部门实现了学位、学历互认，通过合作办学引入国外的学科和专业，改善老挝高等教育学科布局不合理的现状。

四是通过教育对外开放，提升老挝高等院校的办学层次和水平。在老挝教育开放背景下，老挝政府鼓励高校通过和国外高校合作，开展联合培养学士、硕士项目和极少的联合培养博士项目，以提高老挝高校办学层次，提升办学水平，完善培养体系。老挝境内的高校在国际化的道路上，也不断学习外国经验，在科研合作及国际交流等层面都开始进行新的探索。教育机构的发展不再仅仅局限于教学领域，开始向科研、召开国际会议、办企业等领域探索，尝试多元化发展。同时教育对外开放也使得老挝高等教育体系更加健全，国外办高校、开展国际合作项目、举办国际教育论坛等，加快了老挝高等教育机构多元化发展的步伐。

五是通过教育对外开放，老挝高等教育形成公办与私立院校互补格局。1995 年，老挝政府颁发第 64 号法令，对高等教育原有体系进行改革，从法律上明确了在老挝开办私立高等教育机构的合法性，允许公立高校教师到私立院校兼职，对民办学校免征营业税、所得税、土地使用税和进口必要的建筑材料的关税等。这一阶段老挝兴起了私立高等教育机构的办学潮。截至 1995 年，老挝高等教育机构达到了 37 所，办学层次也有了提高，从本科教育开始涉及硕士研究生教育。老挝教育体育部 2018 年度全国高等教育总结报告显示，截至 2019 年 1 月，老挝全国各类普通高等教育学校共计 80 所，其中公立学校 21 所，私立学校 59 所，形成公办与私立院校互补格局。

六是通过教育对外开放，老挝高等教育呈多元化发展，形成国内和国际教育互补格局。老挝出台教育对外开放政策，允许国外投资者到老挝投资高等教育，并对此类国际背景的高校实行与国内高校一样的免税政策。教育领域的开放，促进了国际资本进入老挝高等教育领域，老挝—德国学院、老挝—美国学院、万象学院、老挝苏州大学等高等教育机构的兴办，促进了老挝高等院校和招生数量的增加。

截至2021年，老挝高校已与中国、马来西亚、泰国、美国、澳大利亚等13个国家的140多所大学或组织机构建立了合作关系。中国就有20多所院校与老挝的高校开展国际交流与合作，其中以老挝苏州大学最为典型。老挝苏州大学是中国的第一所境外大学，也是老挝的第一所外资大学。随着大湄公河次区域经济合作机制和澜湄合作机制的建立，教育交流成为区域内各国合作的重要内容。

高等教育国际化是一种全球趋势，在当代不论是发达国家还是发展中国家的大学，均通过加强国际沟通、交流和合作来吸引人才和资金，推动提高本国高等教育质量，提升国家创新力和文化影响力，力争在国际竞争中占据有利地位。面对上述问题，为了更好地促进高质量人才的培养，使之能够与社会经济发展相适应，能够与地区和国际相接轨，高等教育国际化是老挝高校重要发展方式。

（二）高等教育国际化是滇、黔、桂高校发展的重要契机

对外开放一直是我国高等教育的重要政策，我国高等教育国际化与国际关系的发展始终同步。历史上，西南地区交通闭塞、经济落后、教育稀缺。新中国成立后，云南省、贵州省与广西壮族自治区的高等教育事业焕然一新，特别是改革开放以来，教育事业日新月异，在学校结构布局、学科门类分布和对外交流等方面取得一定成绩。这些都是我们与老挝开展对外交流的优势。同时，在与老挝开展教育合作交流中，我们也面临一些不足，这也是未来我们需要加强的方向。

一是高等教育国际影响力不足，缺有世界影响力的高校。与国外的高水平大学相比，云南省、贵州省与广西壮族自治区的高等院校在实力、品牌、影响力等方面不强。2020年马来西亚人口达到3273万人，有7所高等公立大学，4所外国大学分校，还有几百所私立学院。截至

2020 年，贵州省共有 3800 多万人，有普通高校 75 所，其中本科院校 29 所（含本科层次职业学校 1 所），专科院校 46 所。马来西亚有国际影响力的大学明显多于中国西南地区的高校，见表 5-31。

表 5-31 马来西亚大学 2010 年、2015 年、2020 年 QS 排名

排名	学校	排名（2010 年）	排名（2015 年）	排名（2020 年）
1	马来亚大学	207	151	59
2	马来西亚国民大学	263	151	141
3	马来西亚理科大学	263	259	142
4	马来西亚博特拉大学	319	376	132
5	马来西亚理工大学	365	294	187

资料来源：QS Word University Rankings：Top Global Universities，https：//www.topuniversities.com/qs-world-university-rankings。

通过比较，我们发现贵州省人口和马来西亚人口接近，人口数量略高于马来西亚，公立大学比马来西亚多，但是贵州高校没有一所进入 QS 排名前 200 位，而马来西亚有马来亚大学、马来西亚国民大学、马来西亚理科大学、马来西亚博特拉大学以及马来西亚理工大学 5 所高校进入 QS 排名前 200 名，尤其马来亚大学 2020 年 QS 排名第 59 位。这主要是因为，为了提高国际影响力，马来西亚在经费划拨、制度改革等方面重点支持上述 5 所公立科研型大学。经过数十年发展，这些大学的科研水平和教育质量大幅提升，而云南省、贵州省与广西壮族自治区没有一所有国际影响力的大学。

二是高等教育国内竞争力不强，缺有影响力的高校。根据 2022 年校友会中国大学排名和 2022 年软科中国最好大学排名，滇、黔、桂高校整体排名情况如表 5-32、表 5-33、表 5-34 所示。

表 5-32 2022 年云南省高校全国排名

序号	2022 年校友会中国大学排名		2022 年软科中国最好大学排名	
1	昆明理工大学	55	云南大学	82
2	云南大学	60	昆明理工大学	139

续表

序号	2022 年校友会中国大学排名		2022 年软科中国最好大学排名	
3	云南民族大学	133	云南师范大学	193
4	云南师范大学	148	云南农业大学	301
5	云南农业大学	180	大理大学	308
6	昆明医科大学	202	西南林业大学	361
7	云南财经大学	216	曲靖师范学院	448
8	西南林业大学	268	玉溪师范学院	467
9	大理大学	316	昆明学院	490
10	云南中医药大学	334	红河学院	503

资料来源：2022 年校友会中国大学排名信息来源于艾瑞深校友会网，http://www.chinaxy.com/2022index/news/news.jsp? information_id=1929；2022 年软科中国最好大学排名信息来源于软科网，https://www.shanghairanking.cn/rankings/bcur/2022。

表 5-33　2022 年贵州省高校全国排名

序号	2022 年校友会中国大学排名		2022 年软科中国最好大学排名	
1	贵州大学	93	贵州大学	125
2	贵州师范大学	216	贵州师范大学	260
3	贵州医科大学	253	贵州师范学院	327
4	贵州财经大学	256	铜仁学院	350
5	贵州民族大学	287	遵义师范学院	426
6	遵义医科大学	301	贵州理工学院	434
7	贵州师范学院	340	凯里学院	462
8	贵州中医药大学	357	安顺学院	470
9	遵义师范学院	377	贵阳学院	471
10	贵州理工学院	398	黔南民族师范学院	477

资料来源：2022 年校友会中国大学排名信息来源于艾瑞深校友会网，http://www.chinaxy.com/2022index/news/news.jsp? information_id=1929；2022 年软科中国最好大学排名信息来源于软科网，https://www.shanghairanking.cn/rankings/bcur/2022。

表 5-34　2022 年广西壮族自治区高校全国排名

序号	2022 年校友会中国大学排名		2022 年软科中国最好大学排名	
1	广西大学	122	广西大学	99
2	广西师范大学	145	广西师范大学	171

序号	2022 年校友会中国大学排名		2022 年软科中国最好大学排名	
3	桂林理工大学	167	桂林电子科技大学	228
4	广西医科大学	211	桂林理工大学	282
5	广西民族大学	237	南宁师范大学	312
6	桂林电子科技大学	240	玉林师范学院	386
7	南宁师范大学	256	广西科技大学	397
8	广西中医药大学	273	北部湾大学	437
9	广西财经学院	312	贺州学院	473
10	广西艺术学院	316	桂林航天工业学院	540

资料来源：2022 年校友会中国大学排名信息来源于艾瑞深校友会网，http：//www. chinaxy. com/2022index/news/news. jsp？information_id＝1929；2022 年软科中国最好大学排名信息来源于软科网，https：//www. shanghairanking. cn/rankings/bcur/2022。

从表 5-32、表 5-33、表 5-34 可以看出，2022 年校友会中国大学排名和 2022 年软科中国最好大学排名中，云南省校友会排名最好的是昆明理工大学，全国排第 55 名，软科排名最好的是云南大学，全国排第 82 名，校友会排名进入前 100 名的有昆明理工大学和云南大学。贵州省校友会排名最好的贵州大学，全国排第 93 名，软科排名最好的也是贵州大学，全国排第 125 名。广西壮族自治区校友会排名最好的为广西大学，全国排第 122 名，软科排名最好的也是广西大学，全国排第 99 名。从云南省、贵州省和广西壮族自治区高校在全国排名情况可知，云南高校的影响力更大，但是排名都没有进入前 50 名。由此可见，滇、黔、桂高校整体实力在全国高校中偏低，仍有较大的发展空间。

三是对外交流规模有待扩大，数量有待提高，针对性有待加强。云南与缅甸、老挝和越南三个国家接壤，广西与越南接壤，它们充分利用地理位置的优势开展高等教育对外交流工作，在师生交流、合作办学、外国学生来华留学等方面取得了成绩。贵州属内陆省份，不沿边，不沿海，不沿江，但贵州省充分利用中国—东盟教育交流周这个平台，教育对外开放取得快速发展。但是总的来说，三个省区在师生出访交流、外国学生来华留学、中外合作办学、开办孔子学院、赴境外办学、开展区域国别研究等方面都还需要加强。在合作内容上，三省区重视学生交流及互访，但在人才联合培养、合作研究等方面还需要加强；重视"引进来"而非"走出去"，具体表现为到共建"一带一路"国家的学生数明显小于这些国家的来华学生数，出国合作办学项目数明显低于来华合作办学项目数，尚未开展一些联合课题的申报及研究。

四是国际化意识有待加强，国际化的发展目标还需更加明确。近年来，西南地区的高校积极开展国际交流，取得了一定的成果。但是高校没有将国际化纳入学校的发展战略，高校国际化网页宣传、教务系统、评教体系、服务设施设备针对性还不强，国际化意识不强，对外籍教师和留学生的管理和评聘制度不健全，无法吸引各国人才来校工作，有些学校对国际化的理解和认识比较肤浅，国际化综合能力不强。高校外事人员不足，管理人员对国际化教育的政策不太了解，对规章制度也不熟悉，没有意识到国际化在学校发展中所发挥的重要作用。与国内发达省份相比，三省区国际交流思路不清晰、方法不多，总体水平不高，在提高国际竞争力方面思考不够，视野不够开阔。具备国际化教学能力的师资不足，能力不强，国际化水平与国家扩大对外开放的要求还有较大差距。例如尽管贵州省已经出台了一些教育对外开放的政策和办法、措施，但是，有针对性的政策还比较欠缺。例如与东盟国家的教育合作，尚无具体的政策措施，是全面合作还是有重点目标，尚无清晰的思路。而周边省份云南省 2006 年就出台了《关于加快推进高等院校实施"走出去"战略提高高等教育国际化水平的若干意见》，明确了云南省高等院校实施"走出去"战略的指导思想、原则、目标以及与东南亚、南亚国家高等教育机构交流与合作的重点领域，提高云南省高等教育教学质量，提升云南省高等教育在全国和周边国家的知名度，为云南经济社会又快又好发展服务。广西也出台了《广西壮族自治区中长期教育改革和发展规划纲要（2010—2020 年）》，对开展与东盟的交流合作有明确的目标任务。贵州省虽然在 2017 年也颁布了《贵州省关于做好新时期教育对外开放工作的实施意见》，但是该意见相对宏观，教育开放的目标不够明确和具体。

　　五是区域国别研究没有形成体系，成果质量有待提高。云南省在教育部备案的国别和区域研究中心有 15 个，开展东南亚、南亚国家区域国别研究，此外还有中国（昆明）南亚东南亚研究院。贵州省共有 7 所高校 10 个中心开展区域国别研究，贵州省 10 个国别和区域研究中心中有 8 个都关注东盟国家。广西壮族自治区在教育部备案的国别和区域研究中心仅有 6 个。这些研究中心近年来发展迅速，成果也较丰富，多个中心承担国家部委和省内各相关单位课题研究工作，形成学术论文、内参、专著等成果，并向政府、企业等单位提供咨询服务。这些研究中心主要存在如下问题。第一，重视程度不够，研究力量不足。区域国别研究是一个跨学科的综合研究领域，依靠单一的学科无法完成研究，它需要综合社会科学、人文学科、自然科学的许多知识，将学科知识交叉融合开展研究，因而这些研究中心需要进一步整合力量，发挥各学科之所长。第二，科研成果针对性有待加强。虽然广西民族大学从 2016 年到 2018 年区域国别研究成果共有 144 项，但是研究成果的质量和针对性还需提高，尤其是中国与东盟国家交流中急需的服务国家外交战略的成果不多，尤其是有针对性的高质量成果不多，研究中心的影响力有待加强。第三，各个国别和区域研究中心没有形成合力，尚未开展一些跨中心项目的研究，研究成果视角不够全面，内容有待丰富。

　　当今高校的发展已经由粗放式转入内涵式，提高核心竞争力是高校建设的必然选择，而内涵式发展离不开高等教育国际化。对高校而言，更应以全球的视角和国际的视野融入世界高水平大学办学体系，参与国际合作与竞争，并在其中不断打造核心竞争力。在经济全球化、教育现代化的当下，高等教育机构如果封闭办学必将不利于自身发展。中国西南三省区高校应当以国际化战略促进内涵式发展，以内涵建设推动实施国际化战略，以国际视角和教育现代化要求进一步提升教师队伍水平，深化教育教学改革，增强科学研究实力，提高人才培养质量和整体办学水平，唯有如此才能全面提升高校的整体办学水平，真正建设成为国内乃至世界知名大学。

（三） 滇、黔、桂高校与老挝高校开展交流合作的优势

滇、黔、桂高校地处中国西南，与老挝开展教育交流合作具有天然优势。贵州虽然与东盟国家不相接壤，但 2016 年经国务院批复同意设立贵州内陆开放型经济试验区以来，积极参与"一带一路"建设，积极扩大对外开放合作，形成宽领域、多层次、全方位的开放格局。尤其是中国—东盟教育交流周永久会址落户贵阳以来，贵阳也在这一活动的影响下，赢得了更多开放的机遇，先后多次在东盟国家举办多场交流周推介活动，深化了贵州高校和东盟国家在高等教育、职业教育、基础教育等方面的交流合作。显然，滇、黔、桂高校与老挝开展高等教育具有得天独厚的优势。

中老友好关系是开展教育交流合作的另一优势。老挝同中国世代友好，新中国成立后，积极帮助老挝民族独立。1961 年 4 月 25 日，老挝和新中国正式建立外交关系，老挝和中国关系有了一个非常良好的开端。自 1989 年 10 月老挝和中国签订领事条约至今，老挝政府努力改善同中国的关系，不断提升两国的外交关系层次，并很快建立两国战略伙伴关系，实行对华友好政策，大量接受中国企业投资。

经过几十年的关系维护升级，老挝和中国的关系上升到了一个新台阶。例如，双方开展中国—老挝政府互换奖学金项目、黔老奖学金项目，大规模接受老挝学生到中国留学，支持中国高校到老挝开办各类分校，如 2012 年中国苏州大学在老挝万象开办老挝苏州大学、中国河海大学和老挝电力公司合作举办硕士研修班、中国海南大学和老挝巴巴萨技术学院合作开展办学项目等。据不完全统计，2019 年，老挝赴中国留学的学生达到了 2 万多人次。而中国到老挝留学的学生也接近 500 人次。① 近年来，老挝通过《中国—东盟战略伙伴关系 2030 年愿景》和《澜沧江—湄公河合作五年行动计划 （2018—2022）》积极参与同中国的教育合作，特别是高等教育合作。老挝教育体育部每年都会派出高级

---

① 谢样、李智：《中国—东盟博览会催生广西小语种热》，《中国青年报》2011 年 10 月 22 日，第 3 版。

别的教育官员参加中国—东盟教育交流周，积极参与中国云南—老挝北部合作机制，通过这些交流机制来扩大老挝高等教育的开放程度。还鼓励高校参加中国政府牵头的各类教育联盟机制，推动深化双边高校的教育合作。现如今，老挝和中国在各领域的合作实现了从量的积累到质的飞跃。两国聚焦创新发展、内涵发展、共赢发展、立体发展，在教育交流合作方面取得了丰硕成果。

在老挝国内，高校教师出国交流学习意愿强烈，奠定了双方开展教育交流合作的基础。从前文相关问卷调查来看，老挝有留学意愿的教师占99%，而无留学意愿的教师仅占1%。由此可见，老师留学意愿之强烈，也印证了老挝高校师资力量主要源于国外培养的说法。调研材料显示，老挝国立大学教师基本都有国外留学经历，其中主要是到泰国、越南、法国、中国等国家深造，获得证书之后回国任教。这些到国外提升学历的教师在国外学习期间，学校发放基本工资，职务、职级学校予以保持，公务员身份编制国家予以保留，社会医疗保险予以正常缴纳。2018年，老挝教育体育部直属的4所高校共有130名教师在国外提升学历（其中女教师52人）。通过问卷调查发现，每年安排教师赴国外访问的学校中，44.44%的学校每年会安排1—10名教师赴国外访问，19.44%的学校会安排11—20名教师赴国外访问，大约7%的学校每年会安排21—30名教师赴国外访问。

此外，老挝高校教师学习汉语热情高，对中华文化认可度高，有利于双边交流与合作。通过问卷调查发现，在教师认为应该重点发展的留学国家调查中，67%的教师认为应该重点发展中国，8%的教师认为应该重点发展其他国家，7%的教师认为应该重点发展美国。在所有的调查教师中，60%的教师愿意在中国留学，11%的教师愿意去美国留学，7%的教师愿意去澳大利亚和日本留学。中国成为大多数老师想去留学的首选之地。在各高校外语课的开设中，有45%的学校开设了中文课程。2020年9月，老挝国立大学孔子学院在老挝国家政治行政学院成立孔子课堂，中文教育在老挝高等教育领域又有了新进展。这些都为双方加强高等教育交流合作提供了便利条件。

第四节　推进我国与老挝高等教育交流合作的建议

中老两国在教育领域一直保持着密切的交流与合作，这构成两国交往的重要内容。中国西南三省区与老挝的高等教育具有很大的合作空间和潜力，高等教育领域合作对深化双边经济、文化、科技合作将起到巨大的推动作用。

一　发挥地缘优势，构建"中老高等教育资源圈"

中国—东盟教育交流周在中国贵州连续举办了17届，通过中国—东盟教育交流周等平台，中国高校与东盟国家的高等教育机构建立了密切的联系，促进了中国高校对外交流规模的扩大，提升了中老双方高等教育的国际化水平。另外，老挝与中国西南地区山水相连，随着中老铁路、中老高速公路相继开通，老挝将成为连接东盟—中国自由贸易区的陆上重要交通枢纽，中国和老挝都应该把握好这条大通道开通的机遇，发挥好中国—东盟教育交流周、中国—东盟高等教育合作论坛等平台作用，积极推进两国高校之间的务实合作，以期形成互利共赢、共同发展的良好格局。我们可以发挥地缘优势，加强与老挝高校合作，重点加强云南省、贵州省和广西壮族自治区的高校与老挝高校的交流合作，扩大交流的范围，丰富交流形式，形成双方高等教育资源优势互补、双赢的局面，推动中老高等教育对外开放水平迈上新的台阶，构建"中老优质教育资源圈"。双方可借鉴彼此高等教育的先进经验，提高本国高等教育水平，为中老两国友好关系的长远发展奠定下坚实的群众基础，推动中老命运共同体建设与发展。

二　推动学分互认，生源双向流动

老挝高等院校数量少，尤其是综合性大学少，学生规模小，难以满足老挝国内人才需求，尤其是随着中国与老挝经贸往来与合作的不断推进，双边的人才需求日益多样化和高端化，这使得人才培养的需求也呈现多元化趋势。

中国西南地区高校办学历史悠久，学科门类齐全，专业优势突出。云南省、贵州省和广西壮族自治区的高校应继续发挥我国高等教育对老挝学生的吸引力，完善课程体系，提高国际中文教育师资水平，打造来华留学教育高地，突出来华留学教育典型，打造留学中国品牌，有目的性地吸引更多的老挝学生来华留学，积极扩大留学生规模。云南、贵州、广西高校要不断提高汉语教育质量和水平，制订适合老挝学生的培养计划。省级政府部门和高校应为老挝学生来华留学提供更多的奖学金支持和渠道，形成国家—地方政府—高校—企业—个人支持的老挝学生来华留学奖学金体系。同时，双方高校还应兼顾"引进来"与"走出去"两种策略，例如，高校可以通过短期交换学习互派学生，实地调研参与体验老挝当地文化，实现"引进来"和"走出去"相结合的双向留学，实现优势资源互补最大化。双方可以抓住"一带一路"的发展机遇，建立更紧密的双向合作关系，实现双赢发展，在名校、一般院校、民办院校等各领域均能实现多学科、多层次的生源双向流动，加速人才培养，进一步提升双方高等教育的国际化水平。正如老挝教育体育部高等教育司司长塞空·塞那于 2017 年 12 月 1 日在首届中国—老挝高等教育合作论坛开幕式上说的，"老挝正在从'陆锁国'向'陆联国'转变，加强老挝与中国的高等教育合作，将为两国培养优秀专业人才提供更多机遇，为两国专家、学者相互交流经验搭建良好平台"。①

三　开展合作办学，联合培养人才

我国西南地区高校可与老挝高等院校开展中外合作办学项目或者境外办学项目，打造高等院校合作典范，促进整合优质教育资源，进一步扩大学生交流范围，促进双方高等教育大众化目标的实现。从中外合作

---

① 杨陈：《首届中国—老挝高等教育合作论坛开幕》，搜狐网，2017 年 12 月 1 日，https://www.sohu.com/a/207885006_123753。

办学项目和合作国别分布情况来看，我国的合作办学项目主要集中在欧
美国家，合作办学项目主要涉及商科、管理学和工科专业，而我国目前
针对东盟国家的联合办学项目几乎没有。因此，我们应该尝试发挥云
南、贵州、广西高等教育资源优势，在老挝开展双联课程项目，通过
"3+1""3+0.5+0.5"等具体模式，开设与老挝社会经济发展结合密切
的专业，开办课程或者学分转移课程。例如，贵州民族大学开设的老挝
语专业、云南民族大学开设的老挝语专业，可以和老挝国立大学、苏发
努冯大学合作，开展学分转移与联合培养项目。中国老挝语专业学生若
通过签署的学分转移合作项目进入老挝当地的高校学习相关的专科课
程，并通过相关考核就可以获得学分与证书，那么其学习效果可能更为
明显。

此外，云南、贵州、广西高校也可以赴老挝开展境外办学。近年
来，老挝出台教育对外开放政策，允许国外资本到老挝投资高等教育，
并对此类国际背景的高校实行免税政策。在这样的政策鼓励下，老挝苏
州大学、老挝—德国学院、老挝—美国学院、万象学院等高等教育机构
得以兴办，高等教育机构的数量有所增加，招收人数也不断上升。但是
目前尚未开展职业院校办学，我们可以加强对老挝教育市场的调研，有
针对性地围绕老挝职业教育需求，开展境外合作办学。

四　加强国别区域研究，加大科研产出

2012年以来，中国国家主席习近平高度重视国别区域研究工作，
多次在重要场合强调中国要发展自己的智库和加大国别区域研究力度，
鼓励高校培养深入国别对象、了解对象国语言和文化的国别研究人才。
目前西南地区的高校有多个国别和区域研究中心，并且大多数都关注
东盟国家研究，故我们已经具备了进行针对东盟国家的国别区域研究
的平台优势，汇聚了一定的研究人员，开始形成资源集群。同时，在
老挝也有针对中国的国别研究中心，负责对中国经济、政治、文化、
军事、国防安全、教育等方面进行研究，具体任务由老挝国立大学承
担，该校的中国研究中心为独立二级单位，中心研究人员多数具有中

国留学背景，多为留华硕士、博士，能够熟练掌握中国语言，了解文化。在此基础上，双方可以在老挝、中国联合申报项目，加强对两国的共同研究。

开展国别区域研究，首先，有助于我们对老挝的全面认识，科学研判合作发展的形势和条件。其次，我们同老挝共同挖掘国别区域研究资源，可以更有针对性地开展人文交流和教育合作，服务于中国和老挝的外交。再次，双方开展国别区域研究，有利于掌握两国交往的核心动态，为构建中老命运共同体贡献力量。最后，我们和老挝可以利用现有平台，组织人员交流往来，实行线上合作，召开学术研讨会，制订具体研究计划。双方可以制定科学研究方法，统筹兼顾国别和区域，重点突出研究中国和老挝。从经贸合作和中老经济走廊建设的实际要求出发，形成国别区域研究的顶层设计，按照实用性和重要性分类规划、分期推进，尽可能实现双方的期望。在开展普遍研究的同时，加强对重点国家项目和重点课题进行研究，构建中老科研交流平台，双方通过建立中老经济走廊科研中心，定期发布科研选题，召开学术研讨会，为政府提供咨政服务，为企业提供信息服务，为中老经济建设服务。

五　扩展教育产业合作

一是丰富各学段合作。立足学前教育、基础教育、高等教育、职业教育、继续教育等不同学段特点，在中国—东盟教育交流周平台上探索全方位教育合作；推进青年师生交流、国际化人才联合培养、慕课教育资源共享、合作举办国际会议等合作项目；注重发掘和利用旅游、少数民族中医药、大数据、民族文化等贵州独特教育资源。

二是加强职教合作。依托贵州清镇职教城现有的资源和平台，利用中国—东盟清镇职教中心、中国—柬埔寨幼儿教师培训中心等一批双边、多边合作平台，发挥优质职业教育资源优势，与柬埔寨及其他东盟国家开展广泛合作，为职业教育领域深入合作奠定基础。依托中国—东盟教育交流周平台，打造"教育+产业"复合型项目，探索国际化专业人才培养模式，服务云南、贵州、广西与东盟国家各行业开展电子商务教育、国际贸易教育、公共卫生教育等项目合作。

三是推动开展跨境合作办学。推动云南、贵州、广西院校在老挝、柬埔寨、缅甸、越南等国办学、办校；与新加坡、马来西亚、泰国等国开展合作办学，推动引进优质教育资源，实现教育输出和输入相结合。建议在中国—东盟教育交流周永久会址所在地贵安新区，打造一所中国和东盟国家合作办学的"贵州—东盟联合大学"。

四是加强服务贸易人才储备。将涉东盟服务贸易人才作为专门人才纳入中长期人才发展规划，建立涉东盟服务贸易人才境外培养机制，加大高层次涉东盟服务贸易人才引进力度，制订涉东盟服务贸易领军人才、优秀人才和后备人才培养计划，建立涉东盟服务贸易人才培养基地。积极鼓励高等院校、科研院所等涉东盟的研究机构按照涉外服务业发展需求创新涉东盟服务贸易人才培养机制和教育方法，完善涉东盟服务贸易人才继续教育体系。与东盟国家形成涉外专业学生长期交换机制，为中国学生在国外学习期间进入国外服务贸易机构和企业实践学习创造条件和机会，提高服务贸易实务技能。对西南地区高校外语教育结构进行必要的调整，选择云南民族大学、广西民族大学、贵州民族大学等几所高校重点建立东盟国家小语种训练基地，设立东盟国家小语种人才培养基金，在培养学生语言能力的同时，使其掌握对象国/区域政治、经济、社会、法律、文化等相关专业知识，为促进中国与东盟合作储备更多综合型人才。

六 加强高等教育市场调查与宣传推介

各级各类高等院校，要积极"走出去"，深入老挝进行调研，了解对方需求，根据老挝的人力资源发展需求，储备质优量足的教师队伍，完善硬件设施和管理体制，设置教育培训内容和相关专业。要加强与老挝中资企业合作，根据需求和供给关系，做好老挝中资企业的人才需求调研工作，了解中资企业的人才需求。根据供需关系，调整中老海外分校设置及专业人才培养计划，按需培养人才，制订技术技能人才培养方案。同时也要加强对老挝乡村地区的发展需求、当地人的发展需求、乡村产业开发需求的调研，促进职业教育服务产业发展。打造一支适应教育"走出去"发展之路的高效管理与服务队伍，开发相关教学资源，做好双方对接合作。要利用多种形式加强宣传推介，让更多老挝民众了解中国和中国高等教育。

结　语

　　老挝位于中南半岛北部，是一个具有悠久历史的文明古国。1975年老挝建立了社会主义国家，国家发展迈入新的历史阶段，高等教育得以发展。1986年老挝采取了以市场经济化和开放路线为支柱的改革政策，走上了对外开放的道路，高等教育机构积极接受国际援助，开展对外交流，高等教育机构实现量的提升和质的变化。老挝通过教育对外开放，引进国外教育资源，吸引国外高校到老挝办学，弥补了老挝高等教育资源不足，丰富了高等教育的类型。老挝高等教育机构紧跟国际化步伐，借鉴国外高等教育培养体系及质量管理体系，尝试建立高校大学理事会管理制度，高等教育管理水平得到了提升，高等教育法制化水平提升，法制体系更趋健全，助力老挝开创高等教育新局面。

　　老挝的高等教育经过几十年的发展，已经具备一定规模，形成了区域集中、公私互补的局面。但教育资源主要集中在公立大学，首都万象所在的中部地区基本囊括了老挝全国主要的高等教育资源，高等教育资源在地域上分布不均。但老挝高等院校国际化意识强，教师、学生提升教育国际化水平意愿强烈。研究显示，老挝高校教师和学生普遍希望出国留学，留学热门专业方向集中于语言类、经济类，选择中国作为留学意向国家的师生占比分别为 60%、70%。同时，奖学金、外语水平、对留学目的地国家高校留学政策及留学渠道的知晓程度等因素仍是限制留学成行的重要因素。老挝作为东盟成员国，其教育对外开放政策是典型的文化交融下教育理念不断趋向国际化的产物。在教育对外开放背景下，老挝高等教育在取得成就的同时也有一些不尽如人意之处，这些经验和教训对于老挝当前及今后的教育对外开放有着重要的借鉴意义。

中国与老挝在高等教育领域的交流愈加频繁，但老挝来华留学生规模还比较小，中老大学间交流有待加强，但发展势头良好，中老两国教育交流合作前景光明。中国应该发挥地缘优势，尤其是鼓励西南地区应依托地理优势，借助中国—东盟教育交流周等平台与老挝开展教育合作，尤其是云南、贵州及广西的高等院校经过多年发展，学科门类设置相对齐全，学科发展均衡，一些专业性较强的优势专业具有较强的吸引力，应与老挝在合作办学、联合培养人才、国别区域研究、教育产业合作、互设教育和经贸代表处等方面开展合作。中国与老挝的高等教育具有很大的合作空间和潜力，高等教育合作对深化双边经济、文化、科技合作将起到巨大的推动作用，最终实现两国在高等教育合作中的互利共赢。与中老公路和中老铁路并行的中老经济走廊正在蓬勃发展，"中老经济走廊是中国落实'一带一路'倡议与老挝变'陆锁国'为'陆联国'战略相向融合的硕果，成为中老命运共同体建设取得实质性进展的重要标志，也是构建人类命运共同体的关键一招"。① 在"一带一路"和中老命运共同体建设的背景下，中老高等教育合作将迎来新的发展机遇，合作领域必然得到进一步扩大，合作形式会愈加多样，合作内容会越来越丰富，合作意义也必将更加深远。

当前，在"一带一路"建设蓬勃发展、中老铁路开通新局面下，中老合作办学、双方高等教育资源互补共享迎来了新的发展前景。未来相关研究可以从以下几个方面着手。第一，采用典型的高等教育资源互补项目进行横向比较研究，特别关注老挝与越南、泰国等其他主要留学目的地国家的高等教育交流情况，找出更多的联系和区别，以便于更好地研究中老高等教育资源互补情况。第二，加强对历史数据的收集、整理、分析、研判，加强同其他相似研究机构的交流合作，整合各级各类

① 方文：《中老经济走廊建设论析》，《太平洋学报》2019 年第 3 期。

研究资源形成研究方向的专门数据库。第三，未来教育事业可能会朝着综合性的方向发展，需要关注（除高等教育以外其他各级各类）教育资源的互补性，提升研究成果对行业发展、政策制定、政策执行的服务、指导能力，有效推动双方教育事业的发展。

基于教师的老挝高等教育国际化情况调查[*]

感谢您能抽出几分钟时间来参加本次答题，现在我们就马上开始吧！

1. 您的学历情况？

A. 本科生　　　　　　　　　　B. 硕士生

C. 博士生　　　　　　　　　　D. 其他

2. 您的性别是？

A. 男　　　　　　　　　　　　B. 女

3. 您所在的学校属于下列哪种类别？

A. 公办学校　　　　　　　　　B. 民办学校

C. 私立学校

4. 您的职称情况？

A. 高级　　　　　　　　　　　B. 中级

C. 初级　　　　　　　　　　　D. 其他

5. 您是否有过海外学习和生活经历？

A. 是　　　　　　　　　　　　B. 否

6. 您是否有去国外留学的意愿？

A. 是　　　　　　　　　　　　B. 否

---

[*] 本问卷原为中老双语版本，为节约篇幅起见，收入本书时删掉了老挝文。

7. 如果能赴国外学习，您最想去哪里？

A. 西班牙　　　　　　　　　B. 中国

C. 日本　　　　　　　　　　D. 韩国

E. 越南　　　　　　　　　　F. 美国

G. 泰国　　　　　　　　　　H. 柬埔寨

I. 英国　　　　　　　　　　J. 法国

K. 德国　　　　　　　　　　L. 澳大利亚

M. 俄罗斯　　　　　　　　　N. 印度

O. 其他国家

8. 赴国外留学最想学的专业是什么？

A. 语言类　　　　　　　　　B. 计算机类

C. 艺术类　　　　　　　　　D. 经济类

E. 化工类　　　　　　　　　F. 新闻类

G. 物理类　　　　　　　　　H. 旅游类

I. 文学类　　　　　　　　　J. 管理学类

K. 教育学类　　　　　　　　L. 社会学类

M. 其他

9. 您所在学校是否成立了专门的外事部门？

A. 是　　　　　　　　　　　B. 否

C. 不清楚

10. 您所在学校的外事部门负责人是由谁担任？

A. 校长　　　　　　　　　　B. 外事副校长

C. 处级干部　　　　　　　　D. 其他教师

11. 您所在学校是否制定了各项外事工作规章制度？

A. 是　　　　　　　　　　　B. 否

C. 不清楚

12. 您所在学校的外语课程设置情况？

A. 设有英语课程　　　　　　B. 设有中文课程

C. 设有法语课程　　　　　　D. 设有俄语课程

E. 设有阿拉伯语课程　　　　　　　F. 设有西班牙语课程

G. 设有其他语种课程

13. 您所在学校是否招收国际学生？

A. 是　　　　　　　　　　　　　B. 否

C. 不清楚

14. 您所在学校是否与国外学校建立了合作办学的机制？

A. 有　　　　　　　　　　　　　B. 没有

C. 不清楚

15. 您所在学校每年赴国外访问的教师人数？

A. 1~10 人　　　　　　　　　　B. 11~20 人

C. 21~30 人　　　　　　　　　　D. 31~40 人

E. 41~50 人　　　　　　　　　　F. 50 人以上

G. 无

16. 您所在学校每年赴国外学习的学生人数？

A. 1~20 人　　　　　　　　　　B. 21~40 人

C. 41~60 人　　　　　　　　　　D. 60 人以上

E. 无

17. 您所在学校有多少名专职外教？

A. 1~3 名　　　　　　　　　　　B. 4~6 名

C. 6 名以上　　　　　　　　　　D. 没有

E. 不清楚

18. 您所在学校现有外教教授的科目以什么类型为主？

A. 语言类　　　　　　　　　　　B. 专业课程类

C. 不上课，只做科研　　　　　　D. 其他

19. 您所在学校是否设有外语网站？

A. 设有英文网站　　　　　　　　B. 设有中文网站

C. 设有其他语种的网站　　　　　D. 只有老挝语的网站

20. 您认为贵校的国际化程度如何？

A. 很高 　　　　　　　　　　B. 较高

C. 一般 　　　　　　　　　　D. 较差

E. 很差

21. 学校在开展留学工作时应重点发展的留学国家是哪些？

A. 西班牙 　　　　　　　　　B. 中国

C. 日本 　　　　　　　　　　D. 韩国

E. 越南 　　　　　　　　　　F. 美国

G. 泰国 　　　　　　　　　　H. 柬埔寨

I. 英国 　　　　　　　　　　J. 法国

K. 德国 　　　　　　　　　　L. 澳大利亚

M. 俄罗斯 　　　　　　　　　N. 印度

O. 其他国家

22. 学校在开展留学工作时应重点发展的留学专业是哪些？

A. 语言类 　　　　　　　　　B. 计算机类

C. 艺术类 　　　　　　　　　D. 经济类

E. 化工类 　　　　　　　　　F. 新闻类

G. 物理类 　　　　　　　　　H. 旅游类

I. 文学类 　　　　　　　　　J. 管理学类

K. 教育学类 　　　　　　　　L. 社会学类

M. 其他

23. 您认为教育对外开放对学校办学是否有帮助？

A. 有帮助 　　　　　　　　　B. 没有帮助

C. 一般 　　　　　　　　　　D. 不清楚

24. 您认为下列哪个因素对学校的教育国际化影响最大？

A. 政府主管部门的政策 　　　B. 家长和学生的需求

C. 校领导决策 　　　　　　　D. 国际环境

E. 教职工的需求

25. 您认为开展海外合作办学和留学对于教学的帮助是什么？

A. 提高教学质量　　　　　　　　B. 开阔学生视野

C. 提高学生学术能力　　　　　　D. 提高师生跨文化交际能力

E. 其他

26. 教育国际化给学校带来什么好处？

A. 提升国际知名度　　　　　　　B. 开阔国际视野

C. 提高经济效益　　　　　　　　D. 提升科研产出

E. 转化教育理念　　　　　　　　F. 增加师生外出学习机会

G. 优化教学效果　　　　　　　　H. 其他

27. 您所在学校近三年是否组团参加过国际性的学术活动或赛事？

A. 是　　　　　　　　　　　　　B. 否

C. 不清楚

28. 如果学校开展国际交流，你们希望和哪些国家开展？

A. 东盟国家的学校　　　　　　　B. 英国的学校

C. 美国的学校　　　　　　　　　D. 加拿大的学校

E. 日本的学校　　　　　　　　　F. 韩国的学校

G. 中国的学校　　　　　　　　　H. 其他

29. 教育国际化还有哪些需要改进的地方？

A. 网站和新媒体平台需要优化　　B. 教育对外开放程度需要提高

C. 管理制度需要规范　　　　　　D. 相关部门应提高重视程度

E. 应该增设师资培养项目　　　　F. 经费拨付制度需要完善

G. 配套服务需要完善　　　　　　H. 其他

附录二 ▸▸▸
基于学生的老挝高等教育国际化情况调查*

一、个人信息

1. 您的性别是？

A. 男   B. 女

2. 您的年龄？

A. 20 岁以下   B. 20~25 岁

C. 26~30 岁   D. 31~35 岁

E. 35 岁以上

3. 您的文化程度？

A. 专科   B. 本科

C. 硕士研究生   D. 博士研究生

4. 您的专业是？

A. 语言类   B. 计算机类

C. 艺术类   D. 经济类

E. 化工类   F. 新闻类

G. 物理类   H. 旅游类

I. 文学类   J. 管理学类

K. 教育学类   L. 社会学类

M. 其他_____

---

* 本问卷原为中老双语版本，为节约篇幅起见，收入本书时删掉了老挝文。

5. 父母职业类型？＿＿＿＿＿＿＿

6. 您所在的省份？＿＿＿＿＿＿＿

7. 您是否有过海外学习和生活经历？

A. 是　　　　　　　　　　　　　B. 否

8. 您是否有去国外留学的意愿？

A. 是　　　　　　　　　　　　　B. 否

9. 您曾经参加过什么样的国际性活动？

A. 学术论坛　　　　　　　　　　B. 文体竞赛

C. 国际交换生　　　　　　　　　D. 志愿者

E. 留学深造

F. 其他

10. 您觉得老挝政府对高等教育国际化的重视程度如何？

A. 非常重视　　　　　　　　　　B. 重视

C. 不重视　　　　　　　　　　　D. 非常不重视

11. 您对老挝高等教育的现状是否满意？

A. 非常满意　　　　　　　　　　B. 满意

C. 不满意　　　　　　　　　　　D. 非常不满意

12. 您觉得在老挝的高等学校，哪些方面要改进？

A. 政府机关对高等教育的重视程度

B. 教师业务能力

C. 高校专业设置

D. 高校科研水平

E. 图书馆资源配置

F. 教室、宿舍和食堂的软硬件设施

G. 老挝高等教育与国际的接轨程度

H. 科技化和信息化程度

I. 其他

13. 您觉得老挝的高等教育在哪些方面需要作出改进？

A. 加强对本土教师的培养和培训

B. 与各国高校进行联合培养

C. 完善出国留学政策，做好出国留学工作

D. 增大宣传力度，提高公众认知

E. 加大对优秀外籍教师的引进力度

F. 为各国来老挝办学提供各种支持和帮扶

G. 其他

二、对本国高等教育的感受

14. 您对师资的满意度？

A. 满意　　　　　　　　　　B. 不满意

C. 一般

15. 您对教学硬件设施的满意度？

A. 满意　　　　　　　　　　B. 不满意

C. 一般

16. 您对教师学术水平的满意度？

A. 满意　　　　　　　　　　B. 不满意

C. 一般

17. 您对毕业后就业与发展的满意度？

A. 满意　　　　　　　　　　B. 不满意

C. 一般

18. 您认为老挝高校的国际化水平怎么样？

A. 非常高　　　　　　　　　B. 比较高

C. 一般　　　　　　　　　　D. 比较差

E. 差

三、对于出国留学的期望

19. 您最想去哪个国家留学？

A. 西班牙　　　　　　　　　B. 中国

C. 日本　　　　　　　　　　D. 韩国

E. 越南　　　　　　　　　　F. 美国

G. 泰国　　　　　　　　　　H. 柬埔寨

I. 英国

J. 法国

K. 德国

L. 澳大利亚

M. 俄罗斯

N. 印度

O. 其他国家

20. 出国留学您最想读什么专业？

A. 语言类

B. 计算机类

C. 艺术类

D. 经济类

E. 化工类

F. 新闻类

G. 物理类

H. 旅游类

I. 文学类

J. 管理学类

K. 教育学类

L. 社会学类

M. 其他_____

21. 您希望留学能带来什么？

A. 学会一门新的语言技能

B. 开阔国际视野

C. 结交各个国家的朋友

D. 为自己提供一些不一样的实习经历

E. 能够获得更好的学习环境

F. 能够接触到更多国内没有的平台

G. 其他

22. 最能吸引您去某个国家留学的原因是什么？

A. 目的国语言简单易学

B. 学校全球知名度高，专业就业率高

C. 教育资源丰富

D. 亲戚朋友推荐

E. 环境优美，气候适宜

F. 国家科学技术领先

G. 离家近

H. 学费低，物价低

I. 其他理由

23. 您对出国留学的经费预期？

A. 只愿意去能够提供国家级全额奖学金的国家和学校读书

B. 只愿意去能够提供省级全额奖学金的国家和学校读书

C. 只愿意去能够提供校级全额奖学金的国家和学校读书

D. 无论是否获得奖学金，只想去自己喜欢的国家和学校读书

E. 如果能去全球排名靠前的高校，愿意承担部分的留学费用

F. 只要能去读书，愿意承担留学应付的费用

四、对于来中国留学的看法

24. 您知道哪些中国的高校？

A. 只听说过 QS、泰晤士、US NEWS 世界大学排行榜中的中国大学

B. 只要是 QS、泰晤士、US NEWS 世界大学排行榜中的中国大学都了解过

C. 知道和老挝有合作的高校

D. 不知道中国有哪些高校

E. 其他＿＿＿＿＿＿＿＿

25. 您对于相关留学政策的了解程度？

A. 只知道中国有为留学生提供各级奖学金

B. 知道中国有为留学生提供各级奖学金，还知道赴中国留学的学生签证政策

C. 知道赴中国留学的奖学金、签证、保险等各类政策

D. 什么政策都不知道

E. 其他

26. 您主要从什么渠道获取来自中国的留学信息？

A. 就读学校的宣推   B. 电视和网络宣传

C. 亲朋好友推荐   D. 旅游去过

E. 老挝和中国的留学中介   F. 从来没关注过中国的高等院校

G. 其他

27. 您听说过贵州的哪所高校？

A. 贵州大学

B. 贵州师范大学

C. 贵州民族大学

D. 贵州财经大学

E. 贵州理工学院

F. 贵州医科大学

G. 遵义医科大学

H. 铜仁学院

I. 茅台学院

J. 安顺学院

K. 贵阳学院

L. 都没听过

M. 其他

参考文献

一 著作

[1] 蔡文欃：《外国习俗丛书：老挝》，世界知识出版社，2008。

[2] 方芸、马树洪：《列国志·老挝》，社会科学文献出版社，2018。

[3] 格兰特·埃文斯：《老挝史》，郭继光、刘刚、王莹译，东方出版中心，2016。

[4] 郝勇、黄勇、覃海伦：《老挝概论——东南亚研究》，世界图书出版公司，2012。

[5] 黄勇、覃海伦、波里·巴帕潘：《基础老挝语》，世界图书出版公司，2014。

[6] 马树洪：《当代老挝经济》，云南大学出版社，2000。

[7] 潘岳、张议尹：《"一带一路"国别概览·老挝》，大连海事大学出版社，2018。

[8] 石茂明：《跨国苗族研究——民族与国家的边界》，民族出版社，2004。

二 论文

[1] LORVANXAY AM（罗文）：《老挝高等教育政策变迁研究》，贵州大学硕士学位论文，2019。

[2] 蔡文欃：《老挝的水电资源及其开发前景》，《东南亚纵横》1993年第 4 期。

[3] 陈标智、黄艳兰：《越南、老挝、柬埔寨高等教育的发展》，《东南

亚纵横》1991 年第 4 期。

［4］ 陈定辉:《老挝: 2016 年回顾与 2017 年展望》,《东南亚纵横》
2017 年第 1 期。

［5］ 陈淑梅、全毅:《TPP、RCEP 谈判与亚太经济一体化进程》,《亚
太经济》2013 年第 2 期。

［6］ 方文、方素清:《老挝人民革命党十大以来社会主义发展的新态
势》,《当代世界社会主义问题》2020 年第 2 期。

［7］ 方文:《老挝人民革命党的教育政策与实践》,《黑河学刊》2016
年第 2 期。

［8］ 方文:《老挝人民革命党思想理论建设的着力点》,《黑河学刊》
2017 年第 2 期。

［9］ 方文:《中老经济走廊建设论析》,《太平洋学报》2019 年第 3 期。

［10］ 冯增俊:《老挝高等教育的世纪走向》,《比较教育研究》2002 年
第 12 期。

［11］ 高阳:《老挝积极推动外交发展》,《世纪桥》2008 年第 20 期。

［12］ 黄玲:《老挝教育政策分析》,《中国校外教育》2014 年第 7 期。

［13］ 江洪:《老挝最近的局势》,《世界知识》1955 年第 24 期。

［14］ 蒋珍莲:《回顾与展望: 老挝高等教育研究 30 年》,《东南亚纵
横》2013 年第 3 期。

［15］ 骏河辉和、ONPHANHDALA Phanhpakit、司韦:《老挝的教育和劳动
力市场的进展》,《南洋资料译丛》2009 年第 3 期。

［16］ 李步军、潘玉华:《老挝中文教育现状、困境及发展策略》,《云
南师范大学学报》(对外汉语教学与研究版)2022 年第 3 期。

［17］ 梁田:《老挝人民为自由而斗争》,《世界知识》1951 年第 19 期。

［18］ 刘刚、龙微:《"一带一路"建设与云南教育对外开放》,《云南
教育》(视界综合版)2017 年第 6 期。

［19］ 刘颖君、欧阳秋景:《老挝高等教育发展概况及中老高等教育合
作研究》,《科教导刊》(中旬刊)2016 年第 23 期。

［20］ 罗美珍:《试论我国傣文和东南亚几种文字的关系》,《民族语文》

1981 年第 4 期。

［21］罗萍：《老挝职业教育教师培养及其学士学位标准探析》，《现代教育论丛》2018 年第 5 期。

［22］吕欣姗、白滨：《老挝职业教育体系、管理制度与发展趋势研究》，《中国职业技术教育》2020 年第 12 期。

［23］马澜：《浅谈老挝文学》，《东南亚》1983 年第 00 期。

［24］明达：《老挝高等教育发展现状及对策研究》，云南大学硕士学位论文，2015。

［25］史蒂文·安德鲁：《老挝大学教育的课程》，《比较教育研究》2001 年第 4 期。

［26］孙文桂：《老挝国家教育概况及存在问题研究》，《广西青年干部学院学报》2015 年第 6 期。

［27］覃婧婧、潘岳：《中国—老挝文化交流的历史与未来》，《广西社会主义学院学报》2022 年第 1 期。

［28］王冰峰、罗欢：《老挝职业教育现状与发展趋势》，《深圳职业技术学院学报》2017 年第 6 期。

［29］王建梁、李欢：《老挝教育受援有效性的实践检视与提升路径》，《比较教育学报》2024 年第 2 期。

［30］韦健锋：《老挝人革党十一大召开情况及其未来政策走向》，《国际研究参考》2021 年第 6 期。

［31］卫彦雄：《老挝：2019 年回顾与 2020 年展望》，《东南亚纵横》2020 年第 1 期。

［32］吴铭：《美帝国主义是和平解决老挝问题的主要障碍》，《世界知识》1961 年第 10 期。

［33］五月：《老挝苏大模式》，《国企》2014 年第 9 期。

［34］仙婉（Ms Saleumsak Khansavanh）：《"4E"视角下老挝高等教育政策研究》，首都经济贸易大学硕士学位论文，2019。

［35］谢泽鑫：《老挝宗教问题的现状与展望》，《中国国际共运史学会2014 年年会暨学术研讨会论文集》，2014。

［36］禤美琦、罗澜：《"一带一路"倡议下中国—老挝农业职业教育合作：动因、问题与优化路径》，《职业技术教育》2022年第18期。

［37］杨保筠：《法语与法国—老挝教育合作》，《法语国家与地区研究》2018年第3期。

［38］杨阳、赵怀清、马玉、王磊、张泽：《云南省高等教育布局结构现状与优化思路》，《中国多媒体与网络教学学报》（上旬刊）2021年第6期。

［39］张良民：《老挝的教育概况》，《东南亚纵横》1993年第4期。

［40］张良民：《老挝与东盟的关系》，《东南亚纵横》2008年第7期。

［41］郑国材：《老挝的"红色亲王"苏发努冯》，《当代世界》1995年第3期。

［42］郑婷、方文：《老挝教育事业发展的历程与成就》，《社会主义论坛》2024年第2期。

［43］智玲：《老挝教育现代化的发展现状与策略研究》，《教书育人（高教论坛）》2019年第21期。

［44］周毅之：《和平解决老挝问题的两条道路的斗争》，《前线》1961年第11期。

［45］朱欣：《试论老挝高等教育运行现状及发展理路》，《现代教育科学》2009年第9期。

三　报纸

［1］邵琪、张义民：《中国—东盟教育合作呈现新趋势》，《中国教育报》2022年6月9日，第9版。

［2］习近平：《携手打造中老具有战略意义的命运共同体》，《人民日报》2017年11月14日，第2版。

［3］谢样、李智：《中国—东盟博览会催生广西小语种热》，《中国青年报》2011年10月22日，第3版。

四　网络文献

［1］广西壮族自治区发展和改革委员会网站，http：∥www. gx. lss. gov. cn。

［2］广西壮族自治区教育厅网站，http：∥jyt. gxzf. gov. cn。

［3］贵州省教育厅网站，http：∥jyt. guizhou. gov. cn。

［4］贵州省统计局网站，http：∥hgk. guizhou. gov. cn/publish/tj/2020/zk/indexch. htm。

［5］商务部，http：∥www. mofcom. gov. cn/。

［6］中国—东盟中心网站，http：∥asean-china-center. org/。

［7］中国国家统计局，http：∥www. stats. gov. cn/。

［8］中国海关总署，http：∥www. customs. gov. cn/。

［9］中国研究生招生信息网，https：∥yz. chsi. com. cn/bsmlcx/。

［10］中国政府网，http：∥www. gov. cn/xinwen/2021－11/25/content_5653281. htm。

［11］中华人民共和国教育部政府门户网站，http：∥www. moe. gov. cn/s78/A03/moe_560/2020/。

［12］中华人民共和国商务部网站，https：∥www. mofcom. gov. cn/。

后　记

　　自 2011 年开始，我很荣幸以志愿者、项目协办单位和项目主办单位人员等身份连续参加了 15 届中国—东盟教育交流周活动。第四届中国—东盟教育交流周后，越来越多的东盟国家学生来到中国留学，其中老挝留学生比例非常高。随着"一带一路"建设的深入推进以及中老关系的友好发展，两国在政治、经济、文化、教育、科技、卫生等方面的交流不断深入，举行了中老文化旅游节，进入老挝的中国游客逐年增长，老挝来华留学生数量不断增加，不断推动中老友谊发展。老挝留学生在中国学习期间，积极参与学校的各种活动，在活动中展示自己国家的文化，他们毕业回国后成为中老文化交流的使者和桥梁。2019 年 8 月，一辆载有 44 名中国游客的旅游大巴在距离老挝琅勃拉邦约 40 公里处发生严重交通事故，我的几名老挝留学生参与了救援，他们为受伤中国游客提供语言帮助，促进老挝医生与他们之间顺利沟通，缓解受伤游客的焦虑情绪。当他们在微信朋友圈发出这条消息的时候，我为我的学生感到骄傲和自豪。

　　为了更好地了解老挝学生，我试图通过互联网了解老挝的高等教育，但是很多老挝高校网页提供信息非常有限，很多学校的网页无法打开，也无法查阅到纸质的老挝高等教育文献资料。为了了解老挝高等教育情况，我开始了此项课题的研究。研究发现，老挝政府通过教育对外开放，获得教育援助，发展本国教育，越来越多的师生有机会赴海外留学，提升了人才培养的质量。通过引进国外教育资源，老挝弥补了高等教育资源的不足，丰富了高等教育的类型。同时，老挝教育机构管理制度紧跟国际化步伐，学习国外高等教育培养体系及管理体系，高等教育管理水平得到了提升，助力老挝开创高等教育新局面。本研究对我们了解老挝高等教育发展状况，尤其是老挝通过实施教育对外开放政策发展本国高等教育的模式具有参考价值。其价值主要体现在：第一，系统梳理了老挝高等教育的历史发展脉络；第二，介绍了老挝充分利用国际援助，争取国外资金和政策支持发展本国教育，提升本国高等教育质量和水平；第三，有针对性地提出未来我国与老挝高等教育交流合作的方式、重点和内容。

中老两国山水相连，传统友谊源远流长，中老铁路的开通为两国发展提供了新的机遇。两国教育交流不断深化发展，为两国教育领域的合作提供了人才保障。在"一带一路"建设深入推进和中老命运共同体建设的背景下，中老高等教育合作将迎来新的发展机遇，合作领域必然得到进一步扩大，合作形式会愈加多样，合作内容会越来越丰富，合作意义也必将更加深远。本研究也略有遗憾。本研究开展期间，我经历了两次工作变动，部分数据获取时间较早，但这些数据真实反映了当时情形，而目前这种情况并没有太多变化，因而也并未失去数据说服力和影响力，故未作更多的数据更新。

感谢贵州师范大学将我的这本专著列入贵州师范大学社会科学文库，并资助出版。感谢贵州师范大学社会科学处对书稿的认真审核和提出的宝贵修改意见，让这本专著得以逐步完善，增加了我对出版这本专著的信心。此外，社会科学文献出版社刘荣老师从书稿章节调整、文字表达等诸多方面给予了建设性的修改建议，让这本专著结构更加紧凑，内容更加丰富，形式更加完善。最后，感谢对此项研究提供帮助的贵州师范大学程刚和龙正荣老师，感谢贵州民族大学东盟人文学院樊庆丰、陈华老师以及老挝苏发怒冯大学教师 Kongkeo XAYCHALERN（中文名：李可）给予的帮助。

曾　丽

2024 年 11 月 14 日于安顺

图书在版编目（CIP）数据

国际化视域下的老挝高等教育研究／曾丽著．--
北京：社会科学文献出版社，2024.12. --（贵州师范
大学社会科学文库）．--ISBN 978-7-5228-4550-0

Ⅰ.G649.334

中国国家版本馆 CIP 数据核字第 2024EQ9584 号

贵州师范大学社会科学文库
国际化视域下的老挝高等教育研究

著　　者／曾　丽

出 版 人／冀祥德
组稿编辑／刘　荣
责任编辑／单远举
责任印制／王京美

出　　版／社会科学文献出版社（010）59367011
　　　　　　地址：北京市北三环中路甲 29 号院华龙大厦　邮编：100029
　　　　　　网址：www.ssap.com.cn
发　　行／社会科学文献出版社（010）59367028
印　　装／三河市东方印刷有限公司

规　　格／开　本：787mm×1092mm　1/16
　　　　　　印　张：15　字　数：222 千字
版　　次／2024 年 12 月第 1 版　2024 年 12 月第 1 次印刷
书　　号／ISBN 978-7-5228-4550-0
定　　价／98.00 元

读者服务电话：4008918866